Tim Reichel

BUSY IS THE NEW STUPID

Tim Reichel

BUSY IS THE NEW STUPID

Wie du endlich mehr Zeit für das Wesentliche gewinnst

Bibliografische Information der Deutschen Nationalbibliothek
Die Deutsche Nationalbibliothek verzeichnet diese Publikation in der Deutschen Nationalbibliografie.
Detaillierte bibliografische Daten sind im Internet über http://dnb.d-nb.de abrufbar.

Für Fragen und Anregungen:
info@finanzbuchverlag.de

Originalausgabe, 2. Auflage 2020

© 2020 by FinanzBuch Verlag, ein Imprint der Münchner Verlagsgruppe GmbH,
Türkenstraße 89
80799 München
Tel.: 089 651285-0
Fax: 089 652096

Redaktion: Matthias Höhne
Korrektorat: Maike Specht
Umschlaggestaltung: Pamela Machleidt, München
Umschlagabbildung: © emojiisland.com
Satz: Satzwerk Huber, Germering
Druck: CPI books GmbH, Leck
Printed in Germany

ISBN Print 978-3-95972-306-0
ISBN E-Book (PDF) 978-3-96092-566-8
ISBN E-Book (EPUB, Mobi) 978-3-96092-567-5

Weitere Informationen zum Verlag finden Sie unter:

www.finanzbuchverlag.de
Beachten Sie auch unsere weiteren Verlage unter www.m-vg.de.

INHALT

KAPITEL 8: NEIN

KAPITEL 9: ENTPROKRASTINATION

KAPITEL 10: MOTIVATION

KAPITEL 11: FREIRAUM

KAPITEL 12: INSPIRATION

SCHLUSSWORT

VORWORT

BIST DU BESCHÄFTIGT ODER PRODUKTIV?

Es ist nicht fair. Du wälzt dich im Bett und wechselst zum 937. Mal die Seite. Du schaust auf die Uhr: 2:40 Uhr – doch du findest einfach keinen Schlaf. Deine Gedanken lassen dich nicht zur Ruhe kommen. Die Deadline am Ende der Woche, der unfertige Bericht, die Aufgabe, die du heute nicht mehr geschafft hast, der Termin morgen früh, deine Chefin, dein Kollege, dein Kind, dein Nachbar, dein Hund, dein Stromanbieter, der dicke Typ aus der Check24-Werbung. Alles und jeder will deine Aufmerksamkeit.

Dein Kopf explodiert gleich. Zumindest fühlt er sich so an. Dabei hast du heute den ganzen Tag wie verrückt gearbeitet, um deine To-do-Liste zu bändigen. Doch mit jeder erledigten Aufgabe kamen fünf neue Punkte hinzu. Nicht mal eine richtige Mittagspause hast du dir gegönnt. Genutzt hat es nichts. Als Dank liegst du jetzt wach im Bett und versuchst verzweifelt, das Festival der schlechten Laune in deinem Kopf aufzulösen. 2:42 Uhr: nächster Versuch.

So oder so ähnlich geht es vielen Menschen im 21. Jahrhundert. Karriere, Familie, Haushalt, Partnerschaft, Hobbys, Freunde, Weiterbildung. Allein die Anzahl der verschiedenen Bereiche, die es in einem erfüllten Leben zu vereinbaren gilt, ist gewaltig. Und zwar so gewaltig, dass die meisten Menschen rund um die Uhr beschäftigt sind. Damit sie allen Anforderungen (und besonders den eigenen Erwartungen) gerecht werden, arbeiten sie Tag für Tag bis zur persönlichen Belastungsgrenze. Überstunden, Unzufriedenheit und Schlafstörungen sind die Folge. Diese Menschen funktionieren zwar, aber führen sie auch ein erfülltes Leben?

Zugegeben: Gefüllt ist es, doch darum geht es hier nicht. Ein Leben, das nur daraus besteht, Aufgaben abzuarbeiten, Fristen einzuhalten und nahezu vollständig fremdbestimmt zu sein, ist nicht besonders schön. Liebe, Leidenschaft und Begeisterung – das sind die Bausteine, aus denen sich ein großartiges Leben zusammensetzt. Natürlich gehört auch harte Arbeit dazu, aber wenn diese Komponente zur Belastung wird und alles andere überstrahlt, musst du gegensteuern.

Doch woran liegt es, dass du trotz größter Mühe nicht weiterkommst? Wieso führen dich deine Anstrengungen nicht ans Ziel? Und warum scheinen anderen Menschen die größten Erfolge einfach in den Schoß zu fallen? Ich habe eine Vermutung: Kann es sein, dass du beschäftigt, aber nicht produktiv bist?

Viele Menschen sind beschäftigt. Sie sortieren fleißig ihre Unterlagen, recherchieren im Internet oder besuchen Meetings. Sie tun zwar immer irgendetwas, aber am Ende bringt sie das alles nicht weiter. Sie sind beschäftigt, aber nicht produktiv. Wenn du dich also fragst, warum du im Job ständig unter deinen Möglichkeiten bleibst und auch sonst nicht viel auf die Reihe bekommst, dann liegt es vielleicht daran, dass du deine Zeit mit unnötigen Dingen füllst, die dich deinen Zielen nicht näher bringen. Wenn du zum Beispiel ein wichtiges Projekt beginnen möchtest, aber drei Stunden dafür brauchst, eine E-Mail zu schreiben, kommst du in die Hall of Fame der unproduktivsten Menschen aller Zeiten.

Mit Effizienz hat das wenig zu tun. Etwas Unwichtiges wird dadurch, dass du es sehr gut erledigst, nicht zu etwas Wichtigem. Mehr noch: Wer sich ständig mit Kleinkram beschäftigt und aus diesem Grund wichtige Dinge in seinem Leben vernachlässigt, ist weder fleißig noch gründlich – sondern dumm.

WARUM ES DUMM IST, NUR BESCHÄFTIGT ZU SEIN

Nicht, dass wir uns falsch verstehen: Ich bewundere Menschen, die handeln, etwas schaffen und ständig in Bewegung sind. Solche Leute sind die Grundpfeiler unserer Gesellschaft und ich genieße es, Zeit mit ihnen zu verbringen. Sie strahlen eine magische Dynamik aus, die Zuversicht und Inspiration verbreitet. Dieses Beschäftigtsein ist an sich etwas Gutes – der Unterschied liegt darin, womit sich diese Menschen beschäftigen.

Dank unseres technischen Fortschritts und der Innovationen der Digitalisierung leben wir in einer Zeit der unbegrenzten Möglichkeiten. So entstehen großartige Chancen für individuelle Selbstverwirklichung, doch das Ganze hat auch einen Haken: Uns stehen nicht nur täglich unendlich viele Handlungsalternativen zur Verfügung – pro Sekunde werden Abertausende neue Informationen bereitgestellt, die uns direkt oder indirekt betreffen können. Wir leben folglich auch in einer Zeit der unbegrenzten Ablenkungen. Dadurch wird es immer schwieriger, die Übersicht zu behalten und eigene Pläne zu verfolgen. Aufmerksamkeit und die Konzentration auf die wesentlichen Ziele in unserem Leben werden zu den wichtigsten Erfolgsgrößen, die es zu verteidigen gilt.

Viele Menschen sind sich dessen jedoch nicht bewusst. Sie lassen sich täglich von diversen Ablenkungen berauschen, verlieren ihre Prioritäten aus den Augen und wundern sich dann, wo am Ende des Tages die Zeit geblieben ist. Oder schlimmer noch: Sie wissen um ihre enorme Freiheit und die tägliche Informationsflut – finden allerdings keine Lösung, um klug damit umzugehen. Diese Menschen tun den ganzen Tag zwar etwas, aber ihre Handlungen sind nicht zielgerichtet. Ja, sie sind beschäftigt, doch heutzutage reicht das nicht mehr aus. Angesichts unbegrenzter Möglichkeiten muss eine andauernde und kritische Bewertung der eigenen

Handlungen vorgenommen werden. Einfach irgendetwas erledigen funktioniert nicht mehr – oder anders gesagt: Es ist dumm, einfach »nur« beschäftigt zu sein.

Kennst du die Situation nach einem langen Arbeitstag (oder gar nach einer anstrengenden Woche), wenn du mit leerem Blick an deinem Schreibtisch sitzt und dich fragst: Was habe ich heute eigentlich gemacht? Klar, du hattest die ganze Zeit zu tun. Aber womit hast du deine Zeit verbracht? Hat sich dein Einsatz gelohnt? Oder hast du zumindest das Gefühl, dass er sich irgendwann einmal auszahlen wird? Sind die großen Brocken auf deiner To-do-Liste durchgestrichen oder hast du lediglich eine neue Zahnbürste bei Amazon bestellt?

Wir alle tappen von Zeit zu Zeit in die Beschäftigungsfalle, arbeiten viel zu perfektionistisch oder verlieren uns in unbedeutender Detailarbeit – die einen mehr, die anderen weniger. Auch mir passiert das, doch seitdem ich mir dieser Gefahr bewusst bin, setze ich meine Zeit achtsamer ein. Und das, obwohl ich als promovierter Ingenieur und Wissenschaftler die besten Voraussetzungen mitbringe, ein eigenbrötlerischer Perfektionist zu werden. Nach wie vor bin ich der Meinung, dass in gewissen Situationen 99,99 Prozent nicht ausreichen, allerdings gilt das nur in maximal 0,01 Prozent aller auftretenden Fälle. In den verbleibenden Lebenslagen tun wir gut daran, uns nicht mit blindem Aktionismus in unsere Aufgaben zu stürzen, sondern stattdessen kurz innezuhalten und eine kluge Abwägung zu treffen.

Wie dir das gelingen wird, welche Strategien dabei nützlich sind und was du tun kannst, um produktiver, erfolgreicher und glücklicher zu sein, zeige ich dir in diesem Buch.

WIE DIR DIESES BUCH HELFEN WIRD

Seitdem ich Bücher über Zeitmanagement schreibe, werde ich mit einer Frage immer wieder konfrontiert: »Ist zu diesem Thema nicht schon alles geschrieben worden?« Meine Antwort: Vielleicht, aber der Kontext ändert sich kontinuierlich. Und mit dem Kontext ändern sich die Anwendungsbedingungen und damit wiederum die Erfolgsaussichten. Oder auf Deutsch: Es gibt mit Sicherheit zeitlose Zeitmanagementtechniken, die ihre Wirkung nicht verloren haben. Doch sie funktionieren heute nicht mehr so wie vor fünf, zehn oder zwanzig Jahren. Unsere Lebensumstände haben sich zu stark verändert. Aus diesem Grund müssen wir in regelmäßigen Abständen ein Update durchführen, damit unser persönliches Betriebssystem reibungslos läuft und leistungsfähig bleibt.

Genau das soll dieses Buch leisten. Es ist mehr als eine gewöhnliche Abhandlung über Zeitmanagement; es ist ein Produktivitätsbuch. In unserer Überforderungsgesellschaft reicht es nämlich nicht mehr aus, seinen Terminkalender zu organisieren und drei Pareto-Unser zu beten. Wer effizienter arbeiten, besser entscheiden und selbstbestimmter leben möchte, braucht moderne Methoden. Diese Strategien müssen zudem nachhaltig wirken, schnell funktionieren und flexibel ausgerichtet sein.

Deshalb zeige ich dir in diesem Buch, wie du dein Zeitmanagement von Grund auf verbessern kannst. Du wirst lernen, wie du deine Zeit produktiver einsetzen, fokussiert bei der Sache bleiben und dadurch deine Lebensqualität spürbar steigern kannst. Das Ziel ist dabei nicht, dass du Zeit sparst und in der Folge noch mehr Arbeit in dein Leben packst. Mein Ansatz ist ein anderer: weniger arbeiten, dafür mehr schaffen und die gewonnene Freizeit für wirkliche Erholung, Familie, Freunde oder die persönliche Weiterentwicklung nutzen. Die Sache hat nur einen Haken: Geschenkt gibt es das nicht. Wenn du dieses Buch einfach nur liest und dann zum Verstauben ins Regal stellst, wird nicht viel passieren. Gar nichts, um genau zu sein. Ich möchte nicht, dass du die Ratschläge liest, zweimal nickst und dann so weitermachst wie bisher. Ich wünsche mir für dich, dass du dein Leben anpackst und positiv veränderst. Das funktioniert allerdings nur dann, wenn du selbst aktiv wirst. Du musst handeln und das Gelesene in die Tat umsetzen. Diese Arbeit kann ich dir leider nicht abnehmen – den Weg dorthin habe ich dir allerdings so einfach wie möglich gemacht.

Dieses Buch habe ich in zwölf Kapitel unterteilt, in denen jeweils ein zentraler Aspekt beschrieben wird. Pro Thema stelle ich dir fünf konkrete Techniken vor, mit deren Hilfe du schnelle Verbesserungen erzielen kannst. Nach jedem Kapitel habe ich die wesentlichen Inhalte der entsprechenden Konzepte für dich zusammengefasst Am Ende des Buches erhältst du außerdem weiterführende Literaturhinweise, damit du deine Lieblingsthemen vertiefen kannst.

Damit das Ganze nicht so trocken wird, habe ich bei jeder Gelegenheit Beispiele und Best-Practice-Anregungen eingestreut. Zudem bekommst du passend zu jeder Methode eine kleine Aufgabe, ein To-do, anhand dessen du die neuen Impulse direkt ausprobieren und anwenden kannst. Generell erwarten dich in diesem Buch keine ausschweifenden Umschreibungen, sondern kurz und knapp dargestellte Kerngedanken, damit du direkt loslegen und dieses Buch optimal für dich nutzen kannst. Zusätzlich habe ich interaktive Arbeitsblätter erstellt und darin einige Bonusinhalte für dich gesammelt, die dir die Arbeit mit diesem Buch erleichtern werden. Auf der letzten Seite in diesem Buch findest du einen Link, über den du an diese Inhalte kommst. Du gelangst damit auf meine Webseite und kannst dich für den entsprechenden Verteiler anmelden – natürlich kostenlos.

Wenn du der Beschäftigungsfalle entgehen möchtest, musst du die richtigen Prioritäten setzen und dich auf die wichtigen Dinge im Leben konzentrieren. Gelingt es dir dann noch, deine eigene Arbeitsweise zu verbessern und störenden Ablenkungen aus dem Weg zu gehen, sind deinem persönlichen Erfolg keine Grenzen gesetzt. Alle mentalen Werkzeuge, die du dazu brauchst, hältst du gerade in der Hand. Dieses Buch liefert dir dein Rüstzeug für ein proaktives und glückliches Leben im 21. Jahrhundert. Es ist ein moderner Werkzeugkoffer mit den besten Zeitmanagementmethoden und Produktivitätstechniken, die aktuell bekannt sind. Eine bessere Möglichkeit, mehr aus deiner Zeit zu machen und dein Potenzial zu entfalten, gibt es nicht.

Busy is the new stupid – das ist der Leitsatz dieses Buches und angelehnt an eine Unterhaltung zwischen Bill Gates und Warren Buffett aus dem Frühjahr 2017. Die Multimilliardäre philosophierten in diesem Gespräch darüber, wie wichtig es ist, sich selbst Zeit zum Nachdenken zu geben. O-Ton Gates: »Du bist der einzige Mensch, der Kontrolle über deine Zeit hat. Es sollte nicht dein Ziel sein, jede Zeile in deinem Kalender zu füllen. In Ruhe nachzudenken, muss eine viel höhere Priorität haben.« Buffett ergänzte: »Ich habe so viel Geld und kann mir im Grunde alles kaufen, was ich möchte – außer Zeit.«[1]

Dem ist nichts hinzuzufügen. Lass uns anfangen!

»Man sollte nie so viel zu tun haben, dass man zum Nachdenken keine Zeit mehr hat.«

Georg Christoph Lichtenberg

KAPITEL 1

GEHIRNWÄSCHE

EINLEITUNG

Das Beschäftigtsein ist in unseren täglichen Verhaltens- und Arbeitsroutinen fest verankert. Es ist wie ein böser Fluch, der uns davon abhält, produktiv zu sein und unsere Zeit effektiv zu nutzen. Gleichermaßen wirkt es sich auf unser Privatleben aus – und zwar alles andere als positiv. Weil wir ständig beschäftigt sind, haben wir weniger Freizeit und können mental kaum abschalten. Unsere Gesundheit, die Beziehungen zu unseren Lieblingsmenschen und weitere Lebensbereiche leiden darunter.

Doch die gute Nachricht ist: Der Beschäftigungsfluch stammt nicht von einer bösen Hexe oder einem wütenden Zauberer. Wir bürden ihn uns selbst auf. In der Regel tragen gesellschaftliche Normen oder vorgegebene Verhaltensmuster im Berufsalltag dazu bei, dass wir zwanghaft beschäftigt sein wollen. Grundsätzlich haben wir es jedoch selbst in der Hand, wie und womit wir unsere Zeit verbringen.

Genau diese Tatsache musst du dir zu Beginn deiner persönlichen Zeitmanagementrevolution klarmachen.

Aus diesem Grund nehmen wir in diesem Kapitel eine »Gehirnwäsche« vor und programmieren deine Einstellung zum Beschäftigtsein um. Erst, wenn du die Erkenntnis verinnerlicht hast, wie sehr dich alte Gewohnheiten daran hindern, erfolgreich und glücklich zu sein, wirst du ein Gespür für alltägliche Beschäftigungsfallen entwickeln und ihnen künftig aus dem Weg gehen können. Dies ist die Grundlage, um mit größter Motivation und Entschlossenheit eine produktive Arbeitsweise zu entwickeln, die dir mehr Zeit für die schönen Dinge des Lebens ermöglicht.

Nachdem wir dein Mindset umgestellt haben, wirst du deutlich erkennen, an welchen Stellen du dich individuell verbessern kannst.

Und sobald dir klar geworden ist, wie oft du »nur beschäftigt« bist und welche Möglichkeiten dir dieser Zustand verbaut, können wir gezielt neue Methoden einsetzen, die dich dabei unterstützen, nachhaltig eine produktive Arbeitsweise zu etablieren.

ÜBERBLICK

In diesem Kapitel lernst du,

- warum wir davon besessen sind, beschäftigt zu sein, und was die bessere Alternative ist.
- wie viel Zeit du damit verschwendest, »nur beschäftigt« zu sein.
- was es dich kostet, andauernd beschäftigt zu sein.
- wie du Beschäftigungsfallen identifizieren kannst.
- wie du dein Gehirn umprogrammieren, dich selbst kontrollieren und deine Arbeitsweise dauerhaft verbessern kannst.

BESCHÄFTIGUNGSWAHN

Es ist verrückt. Tag für Tag pilgern Millionen von Menschen morgens ins Büro oder an ihren Arbeitsplatz. Dort sitzen oder wuseln sie acht Stunden lang herum und machen sich dann wieder auf den Heimweg. Während der Arbeitszeit haben sie nur ein Ziel: produktiv wirken. Nicht tatsächlich produktiv sein – es soll nur so aussehen. Warum? Damit die Chefin, der Kollege oder der Bürohund denkt: Was für ein fleißiges Bienchen! Die meiste Zeit im Berufsleben sind wir darauf bedacht, einen beschäftigten Eindruck auf andere zu hinterlassen. Und falls gerade niemand in der der Nähe ist, verspüren wir dennoch das Bedürfnis, irgendetwas zu tun. Sei es, dass wir Ordner wälzen, Schränke umräumen oder überflüssige E-Mails schreiben. Hauptsache, wir sind beschäftigt.

Die Ursache für dieses Zeittotschlagen ist immer dieselbe: Wir vergleichen uns. Weder möchten wir neben unseren Kollegen als faul gelten, noch können wir es ertragen, hinter unseren eigenen Erwartungen zurückzubleiben (»Ich bin auf der Arbeit, also muss ich auch etwas machen«). Dieses Verhalten ist Teil unserer menschlichen Natur: Indem wir ein oder mehrere Merkmale von Personen innerhalb einer Gruppe abgleichen, bestimmen wir unseren Status. Wir orientieren uns.

Früher (und damit meine ich vor 6000 Jahren) war dieses Vorgehen überlebenswichtig. Heute ist es zwar immer noch relevant, doch wir übertreiben es. Die modernen Menschen des 21. Jahrhunderts vergleichen sich in jedem Augenblick mit anderen Artgenossen und ziehen daraus ihre Schlüsse. Internet, soziale Medien und absurde Leistungsansprüche verstärken diese Entwicklung und prägen unsere innere Einstellung. Für dich und deine Arbeitsweise heißt das konkret: Weil alle anderen beschäftigt sind, willst du auch beschäftigt sein. Dein Unterbewusstsein handelt nach dem Motto: »Ich darf nicht herumsitzen und nachdenken, sondern muss ständig in Bewegung bleiben und irgendetwas erledigen.«

Merkst du, wohin dieser Prozess führt? Richtig, in einen uninspirierten Arbeitsmodus, der geprägt ist von dümmlichem Aktionismus. Wer pausenlos unwichtige Dinge tut, hat keine Zeit mehr für wichtige Aufgaben. Und wer nie eine ruhige Minute zum Nachdenken findet, wird schon bald das Denken vollständig einstellen und nur noch funktionieren. Auch wenn es irgendwie »cool« geworden ist, keine Zeit zu haben, und alle damit angeben, wie beschäftigt sie gerade sind: Ständig unter Zeitdruck zu stehen, ist ein Zeichen von schlechter Organisation – und nichts, worauf man stolz sein sollte.

Aus diesem Grund besteht der erste Schritt zu einem neuen, selbstbestimmten Zeitmanagement darin, die Konvention des Beschäftigtseins abzulehnen. Und zwar radikal. Brich aus dem System aus und gleiche deine Arbeitsweise nicht deinem Umfeld an. Entscheide dich stattdessen für eine bewusste Steuerung deiner Aktivitäten und vermeide es, auf Autopilot zu schalten. Das stumpfsinnige Abarbeiten deiner To-do-Liste und andere Beschäftigungsroutinen dürfen ab sofort nicht mehr (oder nur noch selten) in deinem Alltag vorkommen.

TO-DO
Lehne es ab sofort ab, nur beschäftigt zu sein! Mach dir klar, wann du vom Beschäftigungswahn betroffen bist, und hör auf, dich mit anderen zu vergleichen!

KAPITEL 1

BESTANDSAUFNAHME

Nachdem du dem Beschäftigungswahn den Kampf angesagt hast, geht's direkt ans Eingemachte. Nun werfen wir einen Blick auf deine täglichen Routinen und sezieren deine Handlungsabläufe. Nur auf diese Weise kannst du Zeiten, in denen du unwichtigen Dingen nachgehst, sichtbar machen – und letztendlich Veränderungen in die Wege leiten. Dazu solltest du deinen typischen Tagesablauf einmal minutiös aufzeichnen. Rekapituliere deine letzten fünf Arbeitstage und notiere all deine Aktivitäten in einer Tabelle. Trage zu jedem Schritt die entsprechende Uhrzeit ein oder schätze die jeweilige Dauer. Eine beispielhafte Auflistung könnte so aussehen:

Uhrzeit	Aktivität
8:00–8:10	»Ankommen«, Kaffee trinken, Computer hochfahren …
8:10–8:45	E–Mails lesen und beantworten
8:45–9:30	Meeting mit Kollegen
9:30–10:00	Besprechung mit dem Chef
10:00–10:15	Pause
10:15–11:00	Kollegen bei einer dringenden Aufgabe helfen
11:00–11:15	Kundentelefonat
11:15–12:00	To–do–Liste abarbeiten
12:00–13:00	Mittagspause
…	…

Solltest du deine letzten Tagesabläufe nicht mehr vollständig im Kopf haben, kannst du auch die kommenden fünf Tage dokumentieren. Natürlich sind einige Tätigkeiten nicht jeden Tag gleich und es wird immer Besonderheiten geben, die einmalig oder nur sehr selten auftreten. Grundsätzlich lassen sich jedoch schon anhand weniger Tagesbilanzen wiederkehrende Muster erkennen.

Besonders die Beschäftigungsmuster, die sich auf Produktivität oder Effizienz auswirken.

Das obige Beispiel bildet einen typischen Büroarbeitstag ab. Nach dem »Ankommen« werden zunächst E-Mails gecheckt und beantwortet. Danach stehen ein Meeting und eine Besprechung mit dem Chef auf dem Programm. Eine dringende Aufgabe, die eigentlich in der Verantwortung der Kollegen liegt, drängelt sich noch dazwischen und erst dann rückt zum ersten Mal an diesem Tag die eigene To-do-Liste in den Fokus – und zwar erst nach 11 Uhr. Das heißt im Klartext: Die Wahrscheinlichkeit, dass die ersten drei Stunden des Tages völlig unproduktiv waren, ist hoch. Sehr hoch sogar.

Diese Veranschaulichung ist der schnellste und einfachste Weg, deine persönliche Ressourcenverteilung transparent zu machen. Sobald du schwarz auf weiß siehst, womit du deine Arbeitszeit gefüllt hast, erkennst du leicht, wie riesig dein Verbesserungspotenzial wirklich ist. Unnötige Aufgaben, ineffiziente Tätigkeiten und falsche Prioritäten treten so unweigerlich in dein Blickfeld. Für einen kurzen Moment kann diese Aufstellung fast schmerzhaft sein, doch die Konfrontation lohnt sich: Ab sofort weißt du, wo es tatsächlich hakt, und die vielen kleinen Zeitfresser können sich nicht mehr unbemerkt in deinen Alltag schleichen.

TO-DO

Führe deine persönliche zeitliche Bestandsaufnahme durch und dokumentiere alle Aktivitäten während eines typischen Arbeitstages! Achte dabei besonders auf Zeiten, in denen du beschäftigt, aber nicht produktiv bist!

BUSY COSTS

Wenn du weißt, worauf du deine Zeit täglich verwendest, kannst du auch abschätzen, wie viele Stunden und Minuten du am Tag mit unproduktiven Dingen verbringst. Führende Arbeitswissenschaftler gehen davon aus, dass ein Angestellter mit Bürojob im Schnitt 40 bis 60 Prozent seiner Arbeitszeit verschwendet; entweder mit privaten Aktivitäten wie Zeitunglesen oder Surfen im Internet, durch Gespräche mit Kolleginnen und Kollegen oder in Form von ineffizienter Arbeit. Circa die Hälfte des Tages geht auf diese Weise verloren! Und obwohl diese Zeitspanne an sich schon beeindruckend genug sein mag, kannst du zur Verdeutlichung noch einen Schritt weiter gehen.

Um das gesamte Ausmaß deiner verschwendeten Arbeitszeit noch besser zu begreifen, kannst du ausrechnen, was dich dieser Lebensstil kostet. Dazu legst du zuerst den Wert deiner Zeit fest und bestimmst einen persönlichen Stundensatz. Einfachheitshalber kannst du auch deinen realen Stundensatz nehmen oder einen ausgedachten Preis für eine Stunde Freizeit ansetzen. Diesen Wert multiplizierst du dann mit der Anzahl der Stunden, in denen du beschäftigt, aber nicht produktiv bist. Als Ergebnis erhältst du die sogenannten Busy Costs.

Jeder arbeitende Mensch (egal ob Angestellter, Beamter oder Selbstständiger) verursacht Busy Costs. Diese treffen in erster Linie jedoch nicht den Arbeitgeber, sondern müssen durch Mehrarbeit, Stress und unschuldige Kollegen aufgefangen werden. Überstunden und schlechtes Arbeitsklima sind daher direkte Folgen hoher Busy Costs. Das Schlimmste ist jedoch: Diese Kosten wirst du nicht monetär, sondern nur mit Einschränkungen deiner Arbeits- und Lebensqualität begleichen müssen.

Lass uns das einmal ausrechnen. Angenommen, du verschwendest pro Tag vier Stunden (circa 50 Prozent deiner Arbeitszeit) mit unproduktiven Aktivitäten und setzt einen niedrigen fiktiven Stundenlohn von 10 Euro zur Bewertung an. Daraus ergeben sich Busy Costs in Höhe von:

- 40 Euro pro Tag (4 × 10 Euro),
- 200 Euro pro Woche (5 × 4 × 10 Euro),
- 800 Euro pro Monat (4 × 5 × 4 × 10 Euro),
- 9600 Euro pro Jahr (12 × 4 × 5 × 4 × 10 Euro).

Schon bei geringen Kosten von 10 Euro pro Stunde entsteht dadurch ein jährlicher Verlust von fast 10.000 Euro. Sofern du deine Freizeit höher bewertest und einen Kostensatz von 50 Euro oder gar 100 Euro pro Stunde ansetzt, liegen die jährlichen Busy Costs bei 48.000 Euro beziehungsweise 96.000 Euro. Unter uns: Das ist ziemlich viel, nicht wahr? Sobald du deiner verschwendeten Zeit einen Wert gibst, wird es einfacher für dich, unwichtige Aufgaben abzulehnen und ineffiziente Arbeitsprozesse zu verbessern. Denn nun weißt du, dass du mehr verlierst als nur ein paar Minuten auf Facebook oder *Spiegel Online*. Falls du es nicht so mit Zahlen hast oder Geld für dich keine Rolle spielt: Allein fünf Minuten mit deinem neugeborenen Kind, deinen in die Jahre gekommenen Eltern oder deinem neuen Partner können unbezahlbar sein. Verschwende diese Zeit nicht.

TO-DO

Ermittle deine persönlichen Busy Costs und rechne aus, was es dich kostet, »nur beschäftigt« zu sein! Was kostet es dich pro Tag, Monat und Jahr?

BESCHÄFTIGUNGSFALLEN IDENTIFIZIEREN

Genug gerechnet. Widmen wir uns nun deinen Feinden: den täglichen Beschäftigungsfallen. Schon an deiner persönlichen Bestandsaufnahme lassen sich die größten Übeltäter und Zeitdiebe ablesen. Darüber hinaus ist es wichtig, einen allgemeinen Blick auf deine Aktivitäten zu werfen und diese hinsichtlich ihres Nutzens zu analysieren. Hierbei lassen sich grundsätzlich drei verschiedene Stufen der Wertigkeit von Aufgaben unterscheiden: hoch, gering und wertlos. Bei Aktivitäten mit hohem Wert können zusätzlich langfristige und kurzfristige Effekte unterschieden werden, sodass es streng genommen vier verschiedene Abstufungen gibt. Daraus ergibt sich die folgende Wertpyramide:

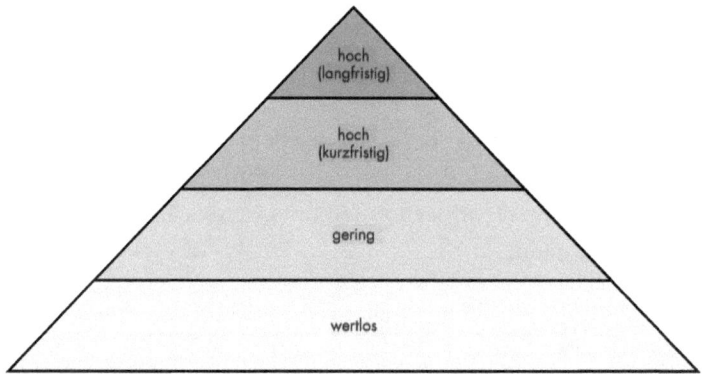

Zu deinen wertvollen Aufgaben zählen diejenigen, die eine große Rolle für dein privates Glück und deinen beruflichen Erfolg spielen. Aufgaben mit einem hohen Wert sind besonders selten und bilden die Spitze der Pyramide. Dabei sind langfristig wertvolle Aktivitäten noch seltener als solche mit kurzfristigen Effekten. Die Aufgaben mit einem geringen Wert bilden die mittlere Stufe und begegnen dir deutlich öfter. Hierzu zählen meistens administrative Aufgaben oder Projekte, die du für andere Personen abwickelst. Mit Abstand am häufigsten wirst du jedoch mit wertlosen Aufgaben konfrontiert – und entsprechend viel Zeit verschwendest du mit diesen Aktivitäten. Sie beschäftigen dich zwar, bringen dich jedoch keinen Nanometer nach vorn. Somit nehmen sie den letzten Platz in deinem Ranking ein. Dazu ein paar Beispiele:

Aktivität	Wertigkeit
Erlernen einer neuen Fremdsprache	hoch (langfristig)
Jahresbericht fertigstellen	hoch (kurzfristig)
Kundentermin vorbereiten	hoch (kurzfristig)
E–Mails sortieren	gering
Telefonieren	gering
Kollegen aushelfen	gering
Ziellos im Internet surfen	wertlos
An sinnlosen Meetings teilnehmen	wertlos
Durch das Fernsehprogramm zappen	wertlos

Mithilfe dieser einfachen Klassifizierung kannst du Beschäftigungsfallen identifizieren und endgültig aus deinem Leben verbannen.

TO-DO

Bewerte deine täglichen Aufgaben und Aktivitäten anhand der Wertpyramide und identifiziere mögliche Beschäftigungsfallen!

TRAIN YOUR BRAIN

Sobald du die größten Beschäftigungsfallen in deinem Privat- und Berufsleben kennst, kannst du systematisch gegen sie vorgehen. Dazu reicht es jedoch nicht aus, ein paar kritische Gedanken zu wälzen, dreimal auf den Tisch zu klopfen und das Beste zu hoffen – du brauchst eine einfache und wirkungsvolle Strategie, die dich in deinem hektischen Alltag unterstützt. Für diesen Zweck eignet sich eine Methode besonders gut: die Not-to-do-Liste. Anders als bei ihrer berühmten Schwester (der To-do-Liste) werden auf dieser Liste diejenigen Aktivitäten gesammelt, die für deine Effizienz schädlich sind – also Dinge, die du nicht tun solltest. Dazu zählen zum Beispiel:

- Arbeiten ohne Plan,
- perfektionistisch sein,
- zwischendurch im Internet surfen,
- zu viele Termine annehmen,
- Multitasking betreiben
- und so weiter.

Deine Not-to-do-Liste hält dich davon ab, unproduktiven Beschäftigungen nachzugehen. Sie zeigt dir, welche Aufgaben du vermeiden solltest, schärft dein Bewusstsein für Ablenkungen und hilft dir dabei, schlechte Verhaltensmuster in den Griff zu bekommen. Sobald du mithilfe der Wertpyramide aus dem vorherigen Abschnitt deine Not-to-dos aufgespürt und schriftlich formuliert hast, wird es dir viel leichter fallen, destruktive Gewohnheiten zu durchbrechen und dich auf deine Stärken zu konzentrieren.

Oftmals reicht es schon, wenn du dir überlegst, welche Aktivitäten in deinem Alltag viel Zeit in Anspruch nehmen, aber gleichzeitig wenig zum Erreichen deiner persönlichen Ziele beitragen. Konzentriere dich am Anfang auf maximal drei schlechte Angewohnheiten, die du vermeiden möchtest. Im Wochenrhythmus kannst du deine Not-to-dos dann auswechseln und dir neue Baustellen vornehmen. Dazu solltest du deine Liste regelmäßig überprüfen und aktualisieren.

Die positiven Effekte der Not-to-do-Liste werden verstärkt, wenn du die einzelnen Punkte mehrmals am Tag durchgehst. Zusätzlich kannst du Erinnerungen in deinem elektronischen Kalender oder auf deinem Smartphone einrichten, sodass dir deine Not-to-dos kontinuierlich ins Bewusstsein gerufen werden. Dadurch trainierst du dein Gehirn und installierst neue Automatismen.

Solltest du trotzdem in eine alte Beschäftigungsfalle tappen, reißen dich die voreingestellten Erinnerungen aus deiner Routine und helfen dir dabei, schädliche Verhaltensmuster sofort zu unterbrechen. Diese kleinen Störungen deiner Arbeit sind langfristig um ein Vielfaches produktiver als alte Beschäftigungsgewohnheiten.[2]

TO-DO

Erstelle eine Not–to–do–Liste und lege drei Handlungen fest, die du ab sofort nicht mehr tun wirst. Platziere die Liste an einem gut sichtbaren Ort, damit du regelmäßig an deine Not–to–dos erinnert wirst!

ZUSAMMENFASSUNG

In diesem Kapitel hast du gelernt, warum es kontraproduktiv ist, nur beschäftigt zu sein, und was es für dich bedeuten kann, wenn du deine Zeit nicht produktiv nutzt. Um dem entgegenzuwirken, haben wir eine kurze, aber intensive Gehirnwäsche vorgenommen und die folgenden Kerngedanken verankert:

- Beschäftigtsein ist in unserer Gesellschaft positiv besetzt und weit verbreitet.

- Der Grund, warum du beschäftigt sein möchtest, ist der durch die Evolution etablierte Vergleich mit Artgenossen: Weil alle anderen beschäftigt sind, möchtest du es auch sein.

- Dieses Gedankenmuster musst du ablegen, wenn du produktiv und erfolgreich sein möchtest.

- Mithilfe einer persönlichen Zeitbilanz kannst du unwichtige Aufgaben und ineffiziente Aktivitäten sichtbar machen.

- Busy Costs helfen dir dabei, das Ausmaß der Zeitverschwendung konkret zu bewerten, und unterstreichen, wie kostbar deine Zeit ist.

- Aufgaben lassen sich grundsätzlich in drei verschiedene Stufen der Wertigkeit unterteilen: hochwertig (lang- oder kurzfristig), geringwertig und wertlos.

- Basierend auf der Wertpyramide, kannst du Beschäftigungsfallen identifizieren.

- Eine Not-to-do-Liste ist ein Werkzeug, mit dessen Hilfe du schlechte Gewohnheiten identifizieren und dauerhaft ausschalten kannst.

- Die Wirkung der Not-to-do-Liste wird verstärkt, wenn du die einzelnen Punkte mehrmals am Tag durchgehst und regelmäßige Erinnerungen einrichtest.

KAPITEL 2

NEUANFANG

EINLEITUNG

Es ist vorbei. Ein für alle Mal. Du hast mit dem Beschäftigtsein abgeschlossen. Ich weiß: Es ist schwierig, wenn eine solch lange und intensive Beziehung auseinandergeht. Du und dein Lieblingszeitfresser, ihr habt unzählige Stunden im Büro zusammen verbracht, endlose Meetings im Besprechungsraum und lange Nächte zu Hause am Schreibtisch. Ihr beide wart unzertrennlich. Und das alles soll von jetzt auf gleich vorbei sein? Einfach so?

Ja.

Denn heute fängt ein neues Kapitel in deinem Leben an. Erinnere dich an unser Motto: *Busy is the new stupid.* Hast du dich erst von der Vorstellung gelöst, pausenlos beschäftigt sein zu müssen, kannst du deine Zeit viel klüger und sinnvoller einsetzen. Du leitest buchstäblich einen persönlichen Neuanfang ein. Und dieser Neuanfang wird dich langfristig glücklicher und erfolgreicher machen als jemals zuvor. Ab jetzt wirst du endlich Zeit für die wichtigen Menschen und Dinge in deinem Leben haben; du wirst Kleinkram und übertriebenem Perfektionismus aus dem Weg gehen; und du wirst deine Energie für eigene Ziele einsetzen, statt der Erfüllungsgehilfe anderer zu sein.

Das Zeitalter deiner persönlichen Entwicklung, neuer Erkenntnisse und ungeahnter Kreativität steht vor der Tür – und in diesem Kapitel werden wir zusammen den ersten Schritt über die Schwelle wagen. Dazu zeige ich dir, wie du neue Ideen für deine Zukunft generieren und diese Vision so stark verankern kannst, dass sie eine ungeheure Motivation in dir entfacht. Anschließend werfen wir einen Blick auf die verschiedenen Bereiche deines Lebens und überlegen uns Schwerpunkte – natürlich so, dass die Balance des Gesamtbildes dabei erhalten bleibt. Nachdem du herausgefunden hast, wie du in diesem Positionierungsprozess zu 100 Prozent die

Übersicht behältst, entwickeln wir einen ersten Aktionsplan, der dich deinen Wünschen und Träumen näher bringt. Und dann wird einem erfolgreichen Neustart nichts mehr im Weg stehen.

ÜBERBLICK

In diesem Kapitel lernst du,

- warum du eine Vision für dein Leben brauchst und wie du dieses übergeordnete Ziel bestimmen kannst.

- was mentale Bilder sind und wie du sie beim Bewältigen deiner täglichen Herausforderungen einsetzen kannst.

- welche grundsätzlichen Lebensbereiche du beachten solltest und wie diese sich gegenseitig beeinflussen.

- wie du dein persönliches Global Picture zeichnest und damit nie wieder den Überblick über dein Leben verlierst.

- was Traumpläne sind und wie du mit diesem Planungswerkzeug geschickt arbeiten kannst.

VISION

Eine Vision ist ein übergeordnetes Ziel in deinem Leben. Sie ist eine motivierende Vorstellung von deiner Zukunft und führt dich durch schwierige Zeiten. Indem sie dir zeigt, wo du langfristig hinmöchtest, überstrahlt sie sämtliche Hindernisse und Ablenkungen. Deine Vision muss keineswegs realistisch sein und sollte in erster Linie deine Wünsche und Träume widerspiegeln – ohne dabei völlig unerreichbar zu erscheinen. Zu abstrakt? Dann hilft dieser bekannte Vergleich mit dem Leitstern in der Wüste von Goerke und Hinterhuber:

> »Eine Vision ist mit dem Polarstern vergleichbar. Die Karawane in der Wüste, deren Landschaftsbild sich in den Sandstürmen dauernd ändert, richtet ihre Reise am Sternenhimmel aus. Die Sterne sind nicht das Ziel der Reise; sie sind aber eine sichtbare Orientierung für den Weg in die Oase, egal aus welcher Richtung die Karawane diese anstrebt und mit welcher Reiseausstattung sie unterwegs ist.«[3]

Auch für deinen Neuanfang brauchst du eine Vision, der du wie dem Polarstern folgen kannst:

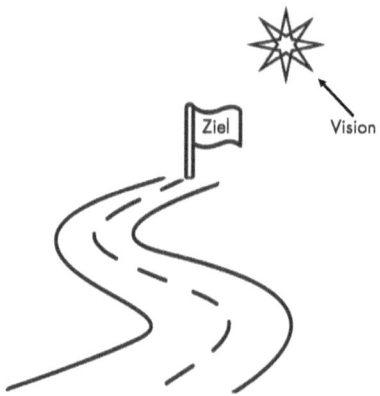

Der Stern ist nicht das tatsächliche Ziel; er zeigt jedoch die Richtung an, in die du dein Denken und Handeln lenken kannst. Die Vision klärt also dein Warum – die Frage nach dem Sinn. Wenn du deine eigene Vision finden möchtest, solltest du dir Gedanken über deine Werte und Einstellungen machen. Und das am besten für jeden deiner Lebensbereiche. Folgende Fragen können dir dabei helfen:

- Warum möchte ich meine Zeit besser nutzen?
- Was würde ich tun, wenn ich mehr freie Zeit hätte?
- Wie sähe ein produktiveres Leben im Detail aus?
- Welche Chancen würden sich für mich ergeben?
- Wie könnte ich meine Zufriedenheit erhöhen?
- Was möchte ich in meinem Leben erreichen?
- Worauf möchte ich später stolz zurückblicken?
- Wo stehe ich in 5, 10 oder 20 Jahren?
- Mit welchen Menschen möchte ich meine Zeit verbringen?
- Wie sähe mein Leben aus, wenn ich selbst über meine Aufgaben und Termine bestimmen könnte?[4]

Nimm dir einen Moment Zeit und versuche, diese Leitfragen für dich zu beantworten. Sei dabei schonungslos ehrlich und formuliere deine Antworten schriftlich, um ein genaues Bild deiner Vision zu zeichnen.

TO-DO
Bestimme eine Vision für dein Leben und lege auf diese Weise ein übergeordnetes Ziel fest, an welchem du dich orientieren und ausrichten kannst!

MENTALE BILDER

Eine besonders nützliche Technik zur Umsetzung neuer Vorhaben ist der Einsatz sogenannter mentaler Bilder. Mentale Bilder sind bewusst platzierte Vorstellungen eines zukünftigen Wunschzustandes, die deine Motivation und Zuversicht stärken können. Das heißt: Deine Vision von einer produktiveren Arbeitsweise und einem ganzheitlichen, modernen Zeitmanagement entwickelt erst dann ihre volle Antriebskraft, wenn du sie klar vor deinem geistigen Auge siehst. Visualisierung heißt das Zauberwort: Sobald du dir deine Vision im Detail ausmalst und in Gedanken durchlebst, wie großartig deine Zukunft sein wird, entsteht eine tiefe Motivation in dir, diesen Zustand tatsächlich zu erreichen.

Es geht keineswegs darum, sich in eine Fantasiewelt zu flüchten und diese Wunschvorstellung mit der Realität zu verwechseln. Du darfst dich nicht auf dem Gedanken ausruhen, dass schon alles gut gehen wird und dir – komme, was wolle – eine rosige Zukunft bevorsteht. Nein, du hast deine Zukunft selbst in der Hand und kannst nur selbst für deine größten Erfolge sorgen. Um dorthin zu kommen, musst du dir diese Glücksmomente jedoch erst einmal bildhaft vorstellen und klar umreißen, was du erreichen möchtest. Erst dann kannst du zielgerichtet den Weg dorthin einschlagen.

Profisportler arbeiten häufig mit dieser Technik und setzen mentale Bilder im Wettkampf oder während des Trainings ein. Ein Fußballspieler entwickelt beispielsweise vor dem entscheidenden Elfmeter ein mentales Bild, wie der Ball im rechten oberen Winkel einschlägt. Ein Rennfahrer lässt schon Stunden vor dem Start einen Film in seinem Kopfkino ablaufen, in dem er das gesamte Feld hinter sich lässt und als Erster die Ziellinie überquert. Ein Golfspieler visualisiert vor dem 10-Millionen-Dollar-Putt, wie er den Schläger mit ruhiger Hand auf gerader Bahn zum Ball führt, der daraufhin perfekt ins Loch fällt. Genauso solltest du auch vorgehen. Erstelle deshalb zu jedem deiner übergeordneten Ziele ein starkes mentales Bild, indem du dir vorstellst, wie das Ergebnis aussieht und wie glücklich du sein wirst, wenn du dein Ziel erreicht hast. Dafür kannst du die folgenden Fragen nutzen:

- Wie sieht mein Wunschergebnis im Detail aus?
- Wie fühle ich mich in diesem Glücksmoment?
- Welche Sinneseindrücke kann ich wahrnehmen?
- Welche positiven Konsequenzen erwarten mich?
- Wie verbessert sich mein Leben?

Stelle dir konkret vor, welche Auswirkung eine höhere Produktivität und klügere Prioritäten auf dein Leben haben werden. Zieh dich dazu an einen ruhigen Ort zurück, schließ deine Augen und lass das gewünschte Szenario in Gedanken ablaufen. Stell dir zum Beispiel vor, wie du abends tiefenentspannt auf der Couch liegst und in Ruhe lesen kannst, anstatt noch über deinen Unterlagen zu hängen. Stell dir vor, wie dein Chef vor Freude fast deine Hand zerquetscht, weil er dir zu dem neuen Konzept gratuliert, das du entwickeln konntest, weil du weniger beschäftigt bist. Oder mal dir aus, wie du mit deinem überglücklichen Kind in den Zoo gehen und die Babyziegen füttern kannst, weil du nicht mehr am Wochenende arbeiten musst.

TO-DO

Erstelle ein mentales Bild zu deiner Vision und visualisiere deinen Wunschzustand im Detail!

LEBENSBALANCE

Anhand der vorherigen Beispiele wirst du bemerkt haben: Ein effizientes Zeitmanagement kommt nicht nur deiner Leistungsfähigkeit im Beruf zugute. Auch andere Lebensbereiche können davon profitieren – allerdings nur, wenn du deinen Neuanfang ganzheitlich auf deine persönlichen Umstände ausrichtest. Natürlich wird es schwerpunktmäßig darum gehen, wie du produktiver arbeiten und konzentrierter denken kannst. Eine zu starke Fokussierung auf diesen Aspekt wird allerdings zu einem eintönigen, einzig auf Karriere ausgerichteten Leben führen. Und solch ein Leben macht auf Dauer wenig Spaß. Wenn du all deine Zeit und Energie in deinen beruflichen Erfolg investierst, werden alle anderen Aspekte deines Lebens – wie Gesundheit, Liebe, Freundschaften und Hobbys – verkümmern und irgendwann komplett verschwunden sein.

Für ein erfülltes Leben brauchst du daher ein Zeitmanagement, bei dem alle relevanten Lebensbereiche berücksichtigt werden. Einen vielversprechenden Ansatz liefert dazu das Zeit-Balance-Modell nach Nossrat Peseschkian und Lothar Seiwert.[5] Im Rahmen dieses Konzepts werden vier essenzielle Lebensbereiche bestimmt, analysiert und dann in eine angenehme Balance gebracht:

- Körper und Gesundheit
- Leistung und Arbeit
- Kontakt und Beziehungen
- Sinn und Kultur

Zum Bereich Körper und Gesundheit zählen Kategorien wie Ernährung, Erholung, Fitness und Entspannung. Der Bereich Leistung und Arbeit fasst berufliche Anstrengungen, Finanzen und Erfolg zusammen. Familie, Partnerschaften und Freunde sind Bestandteile des Bereichs Kontakt und Beziehungen. Liebe, Religion, Hobbys und Selbstverwirklichung finden schließlich bei Sinn und Kultur ihren Platz. Die einzelnen Lebensbereiche sind eng miteinander verknüpft und wirken daher aufeinander ein. Das bedeutet: Wird ein Lebensbereich (wie zum Beispiel Leistung und Arbeit) stark bevorzugt, leiden alle anderen Bereiche darunter. Dauert diese Vernachlässigung zu lange an, führt dies wiederum zu negativen Entwicklungen im Bereich Leistung und Arbeit, da sich die Bereiche gegenseitig beeinflussen.

Dein Ziel sollte es daher sein, für alle vier Lebensbereiche genug Zeit einzuplanen und besondere Anstrengungen in einem der Bereiche nur phasenweise – aber nie dauerhaft – zuzulassen. Hierfür solltest du zunächst feststellen, welche Bereiche in deinem Leben besonders wichtig sind. Dies können beispielsweise die vier genannten Kategorien sein. Im Anschluss ordnest du diesen Lebensbereichen wichtige Aktivitäten zu, die du momentan ausführst oder für die du gerne häufiger Zeit finden würdest. Dabei werden dir Ungleichgewichte auffallen, weil die Bereiche in der Regel unterschiedlich stark ausgeprägt sind. An dieser Stelle musst du eine Entscheidung treffen: Bist du mit deiner aktuellen Balance zufrieden? Oder wünschst du dir eine Veränderung? Wenn ja, welche Lebensbereiche sollen zukünftig stärker in deinen Fokus rücken und welche sollen weniger berücksichtigt werden?

TO-DO

Bestimme deine wichtigsten Lebensbereiche und lege fest, welche Aufgaben, Aktivitäten und Beziehungen diesen Bereichen zuzuordnen sind!

GLOBAL PICTURE

Je vielseitiger dein neues Leben aussehen soll, desto schwieriger wird es, den Überblick über deine neue Ausrichtung zu behalten. Du musst dabei nämlich nicht nur deine zentralen Lebensbereiche koordinieren, sondern ebenfalls berücksichtigen, welche Aufgaben und Verpflichtungen auf dich warten. Hinzu kommen zwischenmenschliche Beziehungen und interaktive Verknüpfungen dieser Elemente. Besonders zu Beginn, wenn du neue Verhaltensweisen etablierst, kann dies zu Chaos führen. Aus diesem Grund solltest du vorsorgen und eine persönliche Orientierungshilfe schaffen: dein Global Picture.

Ein Global Picture ist eine Übersicht deiner wichtigsten Lebensinhalte und zeigt dir auf einen Blick, welche Bereiche, Menschen und Aktivitäten für dich von Bedeutung sind. Außerdem visualisiert es die Abhängigkeiten und Verbindungen der einzelnen Bestandteile und bringt Struktur in deine Abläufe. Der Aufbau eines Global Picture ist an die Gestaltung einer Mindmap angelehnt:

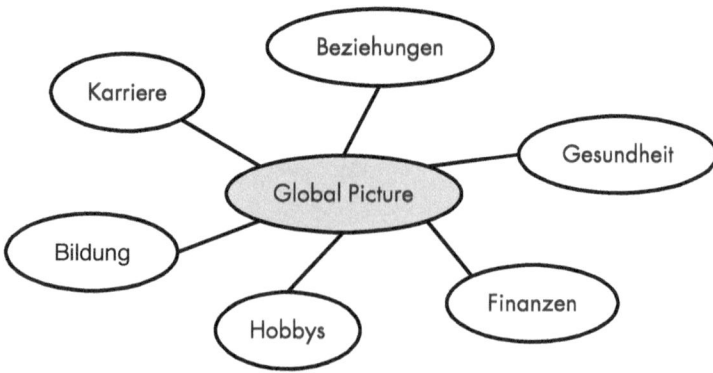

In dieser beispielhaften Darstellung wurden die Lebensbereiche Karriere, Beziehungen, Gesundheit, Finanzen, Hobbys und Bildung berücksichtigt. Im nächsten Schritt ordnest du den Bereichen konkrete Kategorien, Aktivitäten und Aufgaben zu. Dem Bereich Beziehungen könntest du Schlagworte wie »Familie«, »Partnerschaft« und »Freunde« hinzufügen. Auf der nächsten Ebene führst du dann alle Einzelpersonen auf, die in deinem Global Picture eine Rolle spielen sollen. Dem Bereich Gesundheit könntest du Unterpunkte wie »mehr schlafen« oder »regelmäßig joggen« zuordnen. Sobald du alle Felder detailliert beschrieben hast, kannst du Verbindungen zwischen den einzelnen Bereichen einzeichnen, bis du sämtliche Verflechtungen abgebildet hast. Zum Beispiel so:

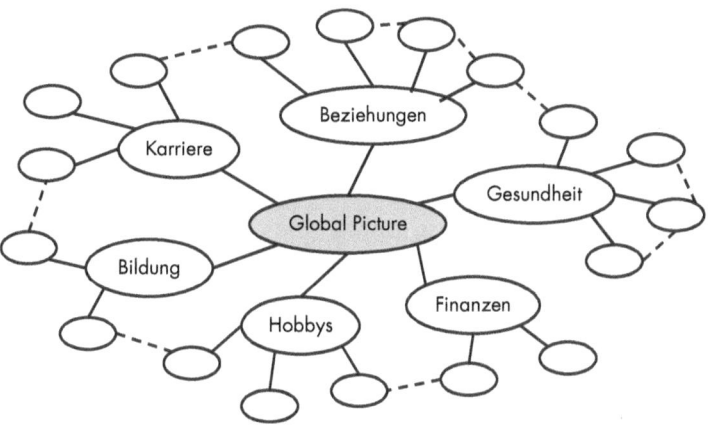

Mithilfe dieser Übersicht kannst du deine persönliche Ausrichtung darstellen und detailliert festhalten, wo deine Prioritäten liegen. Dank deines Global Picture verlierst du nie wieder den Überblick.

TO-DO

Entwickle ein Global Picture von deinem zukünftigen Wunschzustand und berücksichtige dabei deine neue Lebensvision!

TRAUMPLÄNE

Damit dein Neuanfang nicht in der Theorie hängen bleibt, musst du handeln und deine Lebensvision in die Tat umsetzen. Das Konzept der Traumpläne kann dir bei diesem Vorhaben helfen: Ein Traumplan verbindet einen abstrakten inneren Wunsch mit konkreten Schritten und überführt auf diese Weise deine Träume in die Realität. Die Methode stellt Timothy Ferriss ausführlich in seinem Buch vor;[6] die folgenden Ausführungen gehen jedoch weiter und berücksichtigen insbesondere die zeitliche Ebene deiner Planung. Dieser Ansatz wird dich in die Lage versetzen, deine bisher mit Beschäftigtsein verschwendete Zeit durch Begeisterung stiftende Aktivitäten zu ersetzen. Aber der Reihe nach.

Im ersten Schritt zu deinem individuellen Traumplan legst du fest, wie die Inhalte deines neuen Lebens aussehen sollen. Beantworte dazu folgende Fragen:

- Was hätte ich gern?
- Was wäre ich gern?
- Was würde ich gern tun?

Zunächst bestimmst du also deine materiellen Bedürfnisse und stellst eine uneingeschränkte Wunschliste auf (Haus, Auto, Alpakafarm …). Danach stellst du dich als Person in den Fokus und legst fest, welche Fähigkeiten dich auszeichnen sollen (Spanisch sprechen, programmieren können, Profitischtennisspieler sein …). Zuletzt trägst du alles zusammen, was du gerne einmal tun würdest (nach Australien reisen, tanzen lernen, bei einem Theaterstück mitspielen …). Deine Antworten hältst du schriftlich in einer Liste fest.

Im nächsten Schritt legst du alle konkreten Handlungen fest, mit denen du deine Träume erreichen kannst, und bringst diese Aktionen in eine sinnvolle Reihenfolge. Um dir zum Beispiel ein eigenes Haus zu kaufen, müsstest du den Immobilienmarkt sondieren, Angebote von Maklern einholen, Kontakt zu deiner Bank aufnehmen, mit dem Verkäufer verhandeln und so weiter. Trage an dieser Stelle alle – wirklich alle – Aktivitäten zusammen, die für die Umsetzung deines Traums nötig sind.

Sobald deine Aktionspläne ausgearbeitet sind, widmest du dich den erforderlichen Ressourcen. Grundsätzlich brauchst du für die Erfüllung deiner Träume zwei Dinge: Zeit und Geld. Zeit lässt sich häufig (wenn auch mit einem schlechten Wechselkurs) in Geld umtauschen – also brauchst du streng genommen »nur« Zeit. Trotzdem solltest du den finanziellen Aspekt nicht aus dem Blick verlieren. Bestimme daher die Dauer jeder Aktivität auf deiner Liste und schätze ab, wie viel Geld du aufbringen musst, um deinen Traum zu erfüllen. Wenn du beispielsweise nach Australien reisen möchtest, bestimmst du, wie lange die Vorbereitungen, die Organisation, der Flug, die Reise an sich und alles Weitere dauern werden. Danach kalkulierst du dein Traumprojekt durch. Sobald deine Planung steht, ist dein Traum zum Greifen nah. Jede Sekunde, die du jetzt noch verschwendest, steht zwischen dir und der Umsetzung.

TO-DO

Stell einen kleinschrittigen Traumplan auf, indem du für mindestens drei deiner Träume sämtliche Aktivitäten definierst, die zur Umsetzung nötig sind! Leg zudem den Zeitbedarf und die Kosten deiner Träume fest!

ZUSAMMENFASSUNG

In diesem Kapitel hast du gelernt, wie du einen persönlichen Neu-anfang starten und deine Denkmuster neu ausrichten kannst. Dazu hast du unterschiedliche Werkzeuge kennengelernt, mit denen du dein neues Leben visualisieren und planen kannst:

- Eine Vision ist ein übergeordnetes Ziel in deinem Leben und gibt deinem Handeln einen Sinn.

- Diese Vision ist mit dem Polarstern vergleichbar: Sie zeigt dir, in welche Richtung du dich bewegen musst.

- Besonders kraftvoll wird deine Vision erst dann, wenn du sie visualisierst. Dazu kannst du mentale Bilder einsetzen.

- Mentale Bilder sind bewusst gestaltete Vorstellungen eines zukünftigen Wunschzustandes, die deine Motivation und Zuversicht stärken.

- Im Rahmen eines ganzheitlichen Zeitmanagements solltest du alle zentralen Bereiche deines Lebens berücksichtigen.

- Deine Lebensbereiche sind vielschichtig und beeinflussen sich gegenseitig.

- Ein Global Picture verdeutlicht den Aufbau und die wech-selseitig wirksame Struktur deiner Lebensbereiche.

- Mithilfe eines Global Picture behältst du die Übersicht und kannst deine Prioritäten klar erkennen.

- Traumpläne überführen deine Zukunftsvision in konkrete Handlungsschritte und helfen dir dabei, aktiv zu werden.

- Traumpläne sind der erste Schritt zur Umsetzung deines persönlichen Neuanfangs.

KAPITEL 3

ZIELE

EINLEITUNG

Nachdem deine Beweggründe für ein besseres Zeitmanagement klar sind und dein Warum feststeht, werden wir nun konkret. In diesem Kapitel zeige ich dir, wie du kluge und messerscharfe Ziele setzen kannst, die deine Arbeitsweise umkrempeln und dein Leben grundlegend verändern werden. Die Art der Zielsetzung unterscheidet durchschnittlich erfolgreiche Menschen von High Performern. Ziele machen den Unterschied zwischen einem So-lala-Dasein und einem Leben, welches dich täglich begeistert. Ziele sind der Treibstoff für eine grenzenlose persönliche Weiterentwicklung und können dir die Welt zu Füßen legen – du musst nur wissen, wie du richtig mit ihnen umgehst.

Ohne greifbare Ziele verläufst du dich hingegen. Dabei gerätst du schlimmstenfalls in eine Negativspirale, die sich immer weiter abwärts dreht. Damit das nicht passiert, musst du dir darüber klar werden, was genau du erreichen möchtest, und deine Zielvorstellungen clever festlegen. Dadurch bekommst du Orientierung im hektischen Alltag, schaffst sofort mehr Struktur in deinen Handlungen und konzentrierst dich endlich aufs Wesentliche. Erst klare Ziele ermöglichen dir, dein volles Potenzial auszuschöpfen, deine bestmögliche Leistung zu bringen und letztendlich glücklich zu werden – denn sobald du weißt, wohin die Reise gehen soll, kannst du den genauen Weg festlegen und die richtigen Schritte unternehmen.

Eine klare Zielsetzung schärft zudem deinen Fokus und bündelt deine Energie. Dies sorgt für die nötige Motivation, die dich antreibt, auch in schweren Zeiten weiterzumachen und über dich hinauszuwachsen. Natürlich gibt es keine Garantie, dass du alle Ziele erreichen wirst; aber wenn du gar keine Ziele hast, wirst du erst recht nirgendwo ankommen. Das Beste ist jedoch: Du kannst dir deine Ziele selbst aussuchen. Damit sie ihre maximale Antriebskraft entwickeln, müssen sie lediglich ein paar grundlegende Eigenschaften erfüllen. Welche das sind und wie du deine Zielformulierungen zukünftig für dich arbeiten lassen kannst, sehen wir uns jetzt an.

ÜBERBLICK

In diesem Kapitel lernst du,

- warum du deine Ziele regelmäßig, schriftlich und mit System formulieren solltest und wie dir das gelingt.

- wie du mithilfe der Drei–P–Regel persönliche Ziele definieren kannst, die auch dein Unterbewusstsein unterstützt.

- wie die SMART–Formel funktioniert und wie dieses Konzept deine Zielformulierung vereinfacht.

- wie dir die AMORE–Methode dabei hilft, temperament- und charaktervolle Ziele zu bestimmen.

- wie du die MAGIE–Technik zur persönlichen Zieldefinition einsetzen kannst.

GRUNDLAGEN DER ZIELSETZUNG

Viele Menschen kennen die Bedeutung von Zielen, wissen jedoch nicht, wie sie ihre Vorhaben im Alltag formulieren und treffsicher bestimmen können. Diese Menschen glauben, dass sie Ziele haben. Vielmehr sind es aber nur ein paar Träume und Wunschvorstellungen, die ihnen durch den Kopf schwirren. Klare Ziele für die Zukunft: Fehlanzeige. Und genau das ist das Problem. Ohne Ziele nutzt auch das beste Zeitmanagement nichts. Damit du also bei der Zieldefinition keine Anfängerfehler begehst, solltest du dich an drei wichtige Grundlagen halten:

- Definiere deine Ziele schriftlich!
- Bestimme deine Ziele regelmäßig!
- Formuliere deine Ziele systematisch!

Ein Ziel wird erst dann zu einem richtigen Ziel, wenn du es schriftlich fixierst. Gewöhn dir daher an, deine Ziele aufzuschreiben, zum Beispiel ganz klassisch auf Papier. Dieser kleine Schritt hat großen Einfluss auf deine Erfolgsaussichten und wird deine Handlungsbereitschaft spürbar erhöhen. Indem du dein Ziel aufschreibst, machst du es greifbar: Du kannst es sehen und anfassen – und dadurch wird es real. Es ist jetzt kein verschwommener Wunsch mehr oder irgendeine Fantasievorstellung – sondern ein verbindliches Ziel. Aus der bloßen Überlegung wird so eine offizielle Vereinbarung mit dir selbst. Die Wahrscheinlichkeit, dass du dich an diese Abmachung hältst, ist viel größer als bei einer spontanen Idee, die nur durch deinen Kopf geistert.

Weiterhin solltest du deine Ziele regelmäßig überprüfen, abändern und nach Bedarf neue Ziele hinzufügen. Die Regelmäßigkeit ist hierbei entscheidend. Wenn du dir einmal im Jahr eine Handvoll Ziele auf einem Zettel notierst, der dann in der Schublade landet und in Vergessenheit gerät, wird sich nichts in deinem Leben ändern. Denkst du hingegen täglich über deine Ziele nach und arbeitest deine Überlegungen schriftlich aus, stellt sich schon nach kurzer Zeit eine mitreißende Dynamik ein. Sobald du dich regelmäßig mit deinen Plänen für die Zukunft auseinandersetzt, kannst du gar nicht anders, als zu handeln. Es wird dir von Tag zu Tag leichter fallen, an der Umsetzung deiner Ziele zu arbeiten, und mit der Zeit wird sich ein regelrechter Dominoeffekt einstellen.

Grundsätzlich steht es dir natürlich frei, wie du deine Ziele formulierst. Es bringt jedoch einige Vorteile mit sich, wenn du die Sache systematisch angehst und deine Ziele nach einem festen Muster bestimmst. Mein Vorschlag lautet konkret: Schreibe deine Ziele zu einer bestimmten Zeit und nach einer bestimmten Struktur auf. Damit verankerst du zum einen eine produktive Gewohnheit in deinem Tagesablauf und sparst zum anderen Zeit bei der Zielformulierung. Die besten Zeiten, um Ziele zu definieren, sind abends vor dem Schlafengehen oder früh am Morgen direkt nach dem Aufstehen. Auf welche Formulierungssysteme du dabei zurückgreifen kannst, zeige ich dir in den folgenden vier Abschnitten.

TO-DO

Beginne jetzt sofort mit einer neuen Gewohnheit und definiere fünf deiner persönlichen Ziele schriftlich! Reserviere dir ab heute jeden Morgen oder Abend ein paar Minuten, um deine Ziele für den nächsten Tag schriftlich festzuhalten!

DREI-P-REGEL

Die Drei-P-Regel ist eine Formulierungsvorlage für deine Ziele. Sie hilft dir dabei, deine Ziele in konkrete Aufgaben und Aktionspläne umzuwandeln. Dadurch werden deine Motivation gestärkt und dein Durchhaltevermögen gesteigert. Die drei P stehen für:

- Persönlich
- Positiv
- Präsens

Deine Ziele müssen diese drei Eigenschaften erfüllen, um die größte Wirkung zu entfalten. So wird es dir gelingen, alle Kräfte zu bündeln und dein Unterbewusstsein zu aktivieren, um so effektiv wie möglich an deinen Zielen zu arbeiten.

Jedes deiner Ziele sollte von nun an mit dem Wort »ich« beginnen. Im täglichen Leben ist es eher verpönt, Sätze mit »ich« anzufangen. Bei deinen Zielen geht es allerdings nur um eine einzige Person: um dich. Deshalb ist es so wichtig, dass du diesen Bezug schon in deiner Zielformulierung klarmachst. Du musst handeln; du hast die Verantwortung – sonst niemand. Der Autor Brian Tracy schreibt dazu: »Sobald [dein] Unterbewusstsein ein Kommando erhält, das mit dem Wort ›ich‹ beginnt, dann ist das, als bekäme die Produktionsabteilung eine Anweisung von der Firmenzentrale. Sie macht sich sofort an die Arbeit, um das Ziel zu verwirklichen.«[7] Nur durch den Ich-Bezug stellst du diese unterbewusste Anweisung her:

- Ich werde meine Zeit nicht verschwenden.

Außerdem sollten deine Ziele positiv formuliert sein. Das erhöht automatisch deine Motivation für eine Aufgabe und sorgt dafür, dass du zielgerichtet auf dein Wunschergebnis hinarbeiten kannst. Deine Motivation kannst du weiter steigern, indem du dir dein Ziel genau vorstellst und ein starkes mentales Bild erzeugst. In Gedanken hast du dein Ziel dann schon erreicht und nimmst die positiven Ergebnisse deiner Arbeit wahr. Je intensiver diese Visualisierung ausgeprägt ist, desto stärker fällt die Motivationssteigerung aus. Hinzu kommt: Dein Unterbewusstsein kann negative Anweisungen nicht verarbeiten; es reagiert ausschließlich auf positive Befehle und greift dir dann unterstützend unter die Arme, also:

- Ich werde meine Zeit produktiv nutzen.

Zu guter Letzt solltest du deine Ziele im Präsens (also in der Gegenwartsform) formulieren. Zielsetzungen, die in der Zukunft liegen, büßen einen großen Teil ihrer Antriebskraft ein. Die Zukunft ist abstrakt, sie hat keine konkreten Berührungspunkte mit deiner aktuellen Situation. Deine Ziele wirken dadurch weit entfernt und sind nicht zum Greifen nah. Die Motivation, mit aller Entschlossenheit auf deinen Wunschzustand hinzuarbeiten, sinkt dadurch automatisch. Nur bei Anweisungen im Präsens kommt dir dein Unterbewusstsein zu Hilfe und arbeitet mit dir zusammen. Daher solltest du deine Ziele so formulieren, als hättest du sie bereits erreicht:

- Ich nutze meine Zeit produktiv.

TO-DO

Nutze die Drei–P–Regel und wende sie auf deine To–do–Liste an! Transformiere jede Aufgabe mithilfe der Drei–P–Regel in ein persönliches, positives und im Präsens formuliertes Ziel!

SMART-FORMEL

Mithilfe der SMART-Formel kannst du deine Ziele einheitlich und klar formulieren. Diese Formel beschreibt fünf Eigenschaften, die deine persönlichen Ziele aufweisen müssen. Erfüllt deine Zielformulierung alle fünf Bedingungen, sind die Erfolgsaussichten am höchsten. Das Akronym SMART steht für:

- S: spezifisch
- M: messbar
- A: attraktiv
- R: realistisch
- T: terminiert

Zunächst solltest du dein Ziel spezifisch, also möglichst konkret, formulieren. Denn nur wenn du dein Ziel eindeutig und präzise festlegst, kannst du ohne Umschweife darauf hinarbeiten. Nehmen wir zum Beispiel an, du möchtest ein Ziel für deine neue Arbeitsweise festlegen. Dies könnte – ganz konkret – folgendermaßen lauten:

- Ich verschwende weniger Zeit mit E-Mails und Besprechungen. Stattdessen ziehe ich meine wichtigste Aufgabe vor.

Alle Ziele, die du dir setzt, sollten mess- und quantifizierbar sein. Andernfalls kannst du nicht überprüfen, ob du konsequent an deinen Zielen gearbeitet und sie am Ende auch erreicht hast. Ein Anwendungsbeispiel dazu:

- Ich erreiche in der Jahresbewertung ein Ranking von 95/100.

Weiterhin solltest du deine Ziele angemessen und attraktiv formulieren, damit du Lust hast, an der Umsetzung zu arbeiten, und nicht direkt in ein Motivationsloch fällst.

So könnte ein attraktives Ziel aussehen:

- Morgen arbeite ich eine Stunde an dem wichtigen Bericht, danach mache ich eine Pause.

Auch wenn du dir deine Ziele selbst aussuchen kannst, solltest du das Ganze nicht mit einem Wunschbrunnen verwechseln: Natürlich ist es völlig in Ordnung, wenn du hoch hinaus möchtest, aber deine Ziele sollten immer realistisch bleiben und zur aktuellen Situation passen. Anstatt davon zu träumen, noch in diesem Jahr Millionär zu werden, könntest du beispielsweise festhalten:

- In diesem Jahr steigere ich mein Einkommen um 10 Prozent.

Zuletzt solltest du deine Ziele terminieren und mit einer Deadline versehen. Durch die Befristung werden deine Ziele an einen zeitlichen Rahmen gebunden. Damit verleihst du ihnen Verbindlichkeit und kannst fokussiert mit der Umsetzung beginnen, etwa so:

- Bis Freitag, 14 Uhr, stelle ich die Präsentation fertig.

Es kommt vor, dass ein Ziel nicht alle fünf Kriterien erfüllen kann. Außerdem sind nicht alle Ziele eindeutig messbar oder erzeugen gar einen inneren Konflikt bezüglich Attraktivität und Realitätsnähe. Trotz dieser kleinen Schwächen bietet das SMART-Konzept eine solide Grundlage, an der du dich orientieren kannst.

TO-DO

Wende die SMART-Formel an und definiere auf diese Weise fünf konkrete Ziele für deinen nächsten Tag!

AMORE-METHODE

Wie die SMART-Formel bietet dir auch die AMORE-Methode ein regelmäßig anwendbares System zur Zielformulierung, setzt dabei aber andere Schwerpunkte. Das steckt hinter der AMORE-Methode:

- A: ambitioniert
- M: motivierend
- O: organisiert
- R: realistisch
- E: echt

Im ersten Schritt solltest du deine Ziele ambitioniert formulieren. Das bedeutet: Wenn du dein Ziel erreichen möchtest, musst du deine Komfortzone verlassen und ein Stück weit über dich hinauswachsen. Die Umsetzung deines Ziels soll dich fordern – aber nicht überfordern. Ein Beispiel dazu könnte lauten:

- Ich stelle den Quartalsbericht an einem Tag fertig.

Darüber hinaus sollten deine Ziele motivierend sein. Dieses Kriterium ist ähnlich wie die Eigenschaft »attraktiv« bei der SMART-Formel und soll sicherstellen, dass du mit größter Freude und Entschlossenheit an deinen Zielen arbeitest. Ein motivierendes Ziel wäre etwa:

- Ich bereite das Kundengespräch optimal vor, damit ich den Auftrag erfolgreich abschließen kann.

Die AMORE-Methode empfiehlt, neue Ziele unverzüglich zu organisieren und in eine konkrete Planung zu überführen. Dieses Vorgehen hilft dir dabei, schnell in Aktion zu kommen und verhindert ein langes Aufschieben. Dabei kannst du größere Ziele zunächst aufteilen und konkrete Zwischenziele festlegen:

- Ich führe zuerst eine Recherche durch, dann rufe ich Frau Meier an und beginne anschließend mit der Berechnung.

Deine Ziele sollten auch bei dieser Methode realistisch sein und sich an deinen aktuellen Rahmenbedingungen und Fähigkeiten ausrichten. Überzogene Ziele torpedieren deine Motivation und bringen dich nicht weiter. Ein geeignetes Ziel könnte sein:

- Ich arbeite die erste halbe Stunde am Tag hoch konzentriert und ohne Ablenkungen an meiner wichtigsten Aufgabe.

Es mag seltsam klingen, aber viele Menschen stecken sich falsche Ziele. Sie definieren etwas, was sie in Wirklichkeit gar nicht erreichen wollen, sondern nur aufgrund von falschem Ehrgeiz, einem verschrobenen Selbstbild oder übertriebenem Verantwortungsgefühl erledigen möchten. Stell daher sicher, dass deine Ziele »echt« sind und deine eigenen Interessen widerspiegeln – denn nur darum geht es:

- Ich kümmere mich mit höchster Priorität um mein Projekt.

Unter Zuhilfenahme der AMORE-Methode kannst du sehr charaktervolle Ziele definieren. Dadurch fühlst du dich deinem Vorhaben stärker verbunden und erhöhst die Wahrscheinlichkeit, dass die Umsetzung gelingt.

TO-DO
Formuliere mithilfe der AMORE–Methode fünf konkrete Ziele für deine nächste Woche!

MAGIE-TECHNIK

Auch die MAGIE-Technik stellt dir fünf Orientierungsschwerpunkte zur Verfügung, mit deren Hilfe du deine Ziele clever und sinnvoll festlegen kannst. Auf diesen Prinzipien basiert die MAGIE-Technik:

- M: machbar
- A: akzeptiert
- G: gewissenhaft
- I: inspirierend
- E: ehrgeizig

Als Erstes solltest du sicherstellen, dass deine Ziele machbar sind. Kannst du sie aus eigener Kraft erreichen oder bist du auf äußere Einflüsse und andere Menschen angewiesen? Nur wenn du deine Ziele tatsächlich umsetzen kannst, solltest du dich weiter mit ihnen auseinandersetzen. Ein machbares Ziel könnte daher zum Beispiel sein:

- Ich erhöhe meine persönliche Produktivität um 20 Prozent.

Außerdem sollten deine Ziele akzeptiert werden. Die Frage dazu lautet: Weichen deine Ziele beispielsweise von gesellschaftlichen Normen ab oder wirken sie dem Leitbild deines Unternehmens entgegen? Falls ja, solltest du deine Zielausrichtung anpassen, damit deine Anstrengungen nicht blockiert werden. Akzeptiert wird sicherlich folgendes Ziel:

- Ich verbessere das Ergebnis meiner Abteilung um 10 Prozent.

Das G in MAGIE steht für die gewissenhafte Ausführung und Überprüfung deiner Ziele. Viele Menschen legen zwar eigene Ziele fest, belassen es aber bei diesem Schritt. Weder planen sie die Umsetzung der Ziele, noch führen sie die nötigen Schritte entschlossen aus. Eine Erfolgskontrolle findet ebenso wenig statt. Aus diesem Grund fordert die MAGIE-Technik eine große Gewissenhaftigkeit:

- Ich kontrolliere meine Zielformulierung nach dem ersten Tag und ziehe nach einer Woche eine kritische Bilanz.

Negativ formulierte oder langweilige Ziele sind wie schwere mentale Eisenketten, die du dir selbst anlegst. Solche Zielvorhaben hindern dich daran, notwendige Aufgaben zu erledigen und blockieren deine Weiterentwicklung. Deine Ziele sollten daher positiv und inspirierend sein. Anstatt zu schreiben: »Schreibtisch aufräumen«, könntest du festhalten:

- Ich schaffe mir einen Arbeitsplatz, an dem ich mich vollständig wohlfühle und meine bestmögliche Leistung abrufen kann.

Obwohl all deine Ziele machbar sein müssen (Punkt 1), solltest du sie dennoch ehrgeizig formulieren. Ähnlich wie bei dem Kriterium »ambitioniert« der AMORE-Methode darf dich das Erreichen deiner Ziele fordern und etwas Mühe kosten, beispielsweise:

- Ich lese in einer Stunde sämtliche Bewerbungsunterlagen und treffe eine grobe Vorauswahl.

TO-DO
Setz die MAGIE-Technik ein und definiere zehn konkrete Ziele für den nächsten Monat!

ZUSAMMENFASSUNG

In diesem Kapitel hast du gelernt, warum Ziele wichtig sind und wie du sie in deinem Alltag einsetzen kannst. Neben den drei wichtigsten Grundlagen zum Setzen von Zielen hast du außerdem vier konkrete Formulierungswerkzeuge kennengelernt:

- Ziele überführen Wünsche und Träume in die Realität und verwandeln sie in konkrete Vorhaben.
- Ziele stärken deine Motivation und vervielfachen deine Handlungsbereitschaft.
- Werden Ziele schriftlich definiert, entstehen ein klarer Fixpunkt und eine offizielle Vereinbarung mit dir selbst.
- Bestimmst du deine Ziele regelmäßig, stellt sich eine mitreißende Dynamik ein, die dich zum Handeln bringt.
- Eine systematische Zielsetzung unterstützt dich im Alltag, verhilft zu produktiveren Gewohnheiten und spart Zeit.
- Nach der Drei-P-Regel sollten deine Ziele persönlich, positiv und im Präsens formuliert werden.
- Mit der SMART-Formel kannst du deine Ziele spezifisch, messbar, attraktiv, realistisch und terminiert formulieren.
- Die AMORE-Methode steht für ambitionierte, motivierende, organisierte, realistische und echte Zielsetzungen.
- Mithilfe der MAGIE-Technik gestaltest du deine Ziele machbar, akzeptiert, gewissenhaft, inspirierend und ehrgeizig.

KAPITEL 4

PRIORITÄTEN

EINLEITUNG

Ein Ziel kommt selten allein. Wenn du einmal damit angefangen hast, deine Wünsche und Träume zu konkretisieren, blickst du schnell auf eine ewig lange Liste mit den unterschiedlichsten Vorhaben. Von »mehr Zeit mit meinem Partner verbringen« über »täglich 30 Minuten joggen« bis hin zu »eine Umsatzsteigerung von 15 Prozent erreichen« steht nun alles auf deiner Agenda, was in deinem Leben von Bedeutung sein könnte. Ist das schlimm? Nein, ganz im Gegenteil: Je mehr Ziele du definierst und je exakter du dabei vorgehst, desto klarer wird dein Bild von der Zukunft. Damit verbesserst du deine Gestaltungskraft und erhöhst die Erfolgswahrscheinlichkeit deiner persönlichen Vision.

Eine andere Sache könnte jedoch problematisch werden: die Bewertung deiner Ziele. Wenn alle Punkte auf deiner Liste gleich wichtig sind, ist am Ende gar nichts wichtig und deine Anstrengungen verpuffen ohne erkennbaren Effekt. Dadurch erreichst du gar nichts und wirst letztendlich keinen einzigen Vorsatz erfüllen können. Aus diesem Grund solltest du kluge Prioritäten setzen und die Reihenfolge deiner Aufgaben festlegen. Dazu musst du bestimmen, welches deiner Ziele am wichtigsten ist, welches Vorhaben auf Platz zwei folgt und so weiter. Nur auf diese Weise schaffst du Klarheit und weißt, welche Aktivität deine höchste Aufmerksamkeit verdient.

Leider ist dieses Vorgehen nicht ansatzweise so einfach, wie es zunächst klingt. In deinem privaten und beruflichen Alltag stehen dir jeden Tag unendlich viele Chancen und Handlungsmöglichkeiten offen. Täglich kommen neue persönliche Ziele dazu und fordern ihren Platz in deinem Kalender ein. Von den ungeplanten Dingen, die spontan erledigt werden müssen, ganz zu schweigen. Damit dich diese Arbeitslawine nicht überrollt, musst du eine kluge Vorauswahl treffen und Prioritäten setzen – das heißt: abwägen, welches Vorhaben zuerst kommt und was nach hinten verschoben werden kann. Deshalb ist es essenziell, dass du Wichtiges von Unwichtigem unterscheiden kannst. Du musst deine Zeit für die großen Aufgaben einsetzen, die dich wirklich weiterbringen, und damit aufhören, Stunde für Stunde mit belanglosem Kleinkram zu verschwenden. Dir bei diesem Prozess unter die Arme zu greifen, ist die Priorität dieses Kapitels.

ÜBERBLICK

In diesem Kapitel lernst du,

- wie du deine aktuell wichtigste Aufgabe in jedem Lebensbereich bestimmen kannst.

- warum nur wenige Aufgaben und Ziele für einen großen Teil deines Erfolgs verantwortlich sind.

- wie du deine Vorhaben analytisch bewerten und miteinander vergleichen kannst.

- wie du deine Aufgaben in Bezug auf deren Wichtigkeit und Dringlichkeit priorisieren kannst.

- wie du deine To-do-Liste ordnen und deine Prioritäten dynamisch anpassen kannst.

FOKUS-FRAGE

Streng genommen gibt es gar keine Prioritäten. Das Wort »Priorität« stammt aus dem Lateinischen und leitet sich von dem Begriff »prior« (zu Deutsch: der Vordere/der Erste) ab. Im Plural ist diese Eindeutschung daher Quatsch, denn es kann nur einen Ersten geben – und somit nur eine einzige Priorität. Und grundsätzlich sollte es auch in deinem Leben nur eine Sache geben, die wichtiger ist als alle anderen. Die Preisfrage ist jetzt: Welche eine Sache ist das? Um dies zu beantworten, greifen wir auf ein nützliches Konzept von Gary Keller und Jay Papasan zurück: die Fokus-Frage.[8] Diese Frage ist ein einfaches Werkzeug, um festzulegen, welche Aufgabe für das Erreichen eines bestimmten Ziels am wichtigsten ist – und daher mit höchster Priorität erledigt werden sollte. Die Fokus-Frage lautet:

> »Welches ist die *eine* Sache, die ich tun kann, sodass alles andere einfacher oder sogar überflüssig wird?«

Die Frage ist auffällig simpel. Dennoch bewirkt sie eine spürbare Verschiebung deiner Perspektive, erzeugt klare Handlungsempfehlungen und sorgt damit für beachtliche Fortschritte in deinem Zeitmanagement. Sie ist ein Impulsgeber, der dich dazu zwingt herauszufinden, was gerade in deinem Leben wichtig ist. Die Fokus-Frage bringt dich dazu, eine Priorität zu bestimmen (»Welches ist die *eine* Sache …«), motiviert dich zum Handeln (»… die ich tun kann …«) und schützt dich vor Orientierungslosigkeit und Ablenkungen (»… sodass alles andere einfacher oder sogar überflüssig wird«).

Jedes Mal, wenn du die Fokus-Frage beantwortest, wird dir etwas klarer, was du erreichen möchtest und welche Schritte auf diesem Weg zu gehen sind. Besonders bei wechselhaften und komplexen Anforderungen in deinem Alltag kann dir diese Technik gute

Dienste erweisen: Fast täglich ändern sich deine Pläne, neue Aufgaben kommen hinzu und alte Verpflichtungen, die gestern noch brandaktuell waren, spielen heute keine Rolle mehr. Trotzdem darfst du nicht die Übersicht verlieren, musst laufend deine Prioritäten ändern und trotzdem deine langfristigen Ziele im Blick behalten. Die Fokus-Frage ist das ideale Mittel, um dich dabei zu unterstützen. Und zwar in allen Lebensbereichen:

Lebensbereich	Anwendung der Fokus-Frage
Beruf	Welches ist die *eine* Sache, die ich tun kann, um mein Jahresziel zu erreichen?
Gesundheit	Welches ist die *eine* Sache, die ich tun kann, um einem Burn–out vorzubeugen?
Erfolg	Welches ist die *eine* Sache, die ich tun kann, um meine persönlichen Ziele schneller zu erreichen?
Partnerschaft	Welches ist die *eine* Sache, die ich tun kann, um die Beziehung zu meinem Partner zu verbessern?
Finanzen	Welches ist die *eine* Sache, die ich tun kann, um Geld zu sparen und finanziell unabhängig zu sein?

Stell dir die Fokus-Frage mehrmals täglich. Schreib dir eine Erinnerung oder lass sie dir auf deinem Smartphone anzeigen, damit du wenigstens einmal am Tag darüber nachdenkst, welches deine *eine* Sache ist.

TO-DO

Formuliere die Fokus–Frage für deine wichtigsten Lebensbereiche und bestimme deine *eine* Sache!

PARETO-PRINZIP

Wenn es darum geht, die wichtigsten Aufgaben auf der To-do-Liste zu identifizieren, musst du das Grundgesetz des Zeitmanagements kennen: das Pareto-Prinzip. Die nach dem italienischen Ökonomen Vilfredo Pareto benannte Regel besagt, dass 20 Prozent deiner Aufgaben für 80 Prozent deiner Ergebnisse verantwortlich sind. In seinen ursprünglichen Untersuchungen fand Pareto heraus, dass der Wohlstand in einer Gesellschaft sehr ungleichmäßig verteilt ist. Genauer gesagt wies er nach, dass sich 80 Prozent des Vermögens im Besitz von 20 Prozent der Bevölkerung befanden. Diese Verteilung lässt sich verallgemeinern und in vielen anderen Branchen und Lebensbereichen außerhalb der Ökonomie beobachten. Das allgemeine Pareto-Prinzip lautet:

- Nur 20 Prozent des Inputs sorgen für 80 Prozent des Outputs.

Das Ungleichgewicht ist dabei sogar oft noch größer: 90/10, 95/5 oder sogar 99/1. Mindestens gilt aber das Verhältnis 80/20. Übertragen auf deine täglichen Aktivitäten bedeutet das: Nur 20 Prozent deines Aufwands sorgen für 80 Prozent deiner Ergebnisse. Zur Veranschaulichung:

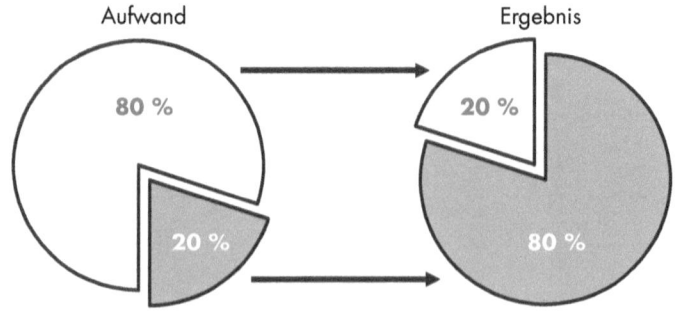

Das Ungleichgewicht ist frappierend, oder? Und was bedeutet das für dich persönlich? 80 Prozent deiner Energie und Zeit wendest du für lediglich 20 Prozent deiner Ergebnisse auf. Oder mit anderen Worten: Wenn du eine To-do-Liste mit zehn Aufgaben vor dir hast, sind zwei davon wertvoller als die anderen acht zusammen. Und das gilt für (fast) alle Bereiche:

- 20 Prozent der Produkte sorgen für 80 Prozent des Umsatzes.
- 20 Prozent der Kunden lösen 80 Prozent der Bestellungen aus.
- 20 Prozent der Investoren verbuchen 80 Prozent der Aktiengewinne.
- 20 Prozent deiner Zeit sind für 80 Prozent deines Erfolgs verantwortlich.
- 20 Prozent deiner Freunde sorgen für 80 Prozent deiner guten Laune.

Einige deiner Termine und To-dos bringen dich demnach deutlich schneller ans Ziel als der Rest. Und genau diese Aufgaben musst du finden. Frag dich daher jedes Mal, wenn du mit einer neuen Aufgabe beginnst:

- Gehört diese Aktivität zu den wertvollen 20 Prozent?

Sollte sie nicht dazugehören, kannst du sie ruhigen Gewissens verschieben oder gar von deiner Liste streichen. Das Pareto-Prinzip ist auf deiner Seite und wird dafür sorgen, dass die negativen Konsequenzen stark limitiert bleiben. Kümmere dich ab jetzt primär um die Dinge, die überproportional gute Ergebnisse bringen. Sortiere knallhart aus, indem du Prioritäten setzt und den Vorteil der Pareto-Verteilung für dich ausnutzt.[9]

TO-DO
Nutze das Pareto-Prinzip und finde die 20-Prozent-Aufgaben auf deiner To-do-Liste, die für 80 Prozent deiner Ergebnisse sorgen!

NUTZWERTANALYSE

In der Praxis ist häufig nicht auf den ersten Blick klar, welche Handlungsalternative den höchsten Nutzen bringt. Du wirst wahrscheinlich mit der Zeit ein Gefühl dafür entwickeln, welche Aufgaben wichtig sind – doch eine eindeutige Entscheidungshilfe sieht anders aus. Die Nutzwertanalyse schafft Abhilfe und kann dich bei einer rationalen Entscheidungsfindung unterstützen. Mithilfe dieser Methodik kannst du verschiedene Aktivitäten auf Grundlage einzelner Merkmale bewerten und letztendlich einen konkreten Nutzwert berechnen. Die vereinfachte Formel dazu sieht so aus (mit N = Nutzwert, W = Einzelwert, G = Gewichtungsfaktor):

$$N = \sum_{i=1}^{n} W_i \times G_i$$

Ich weiß: Igitt, Mathematik. Aber das Vorgehen ist kinderleicht: Du bestimmst eine Aufgabe, bewertest einige kritische Merkmale, gewichtest diese und bildest anschließend die Summe aller gewichteten Einzelwerte. Ein Beispiel dazu: Angenommen, dir liegen drei neue Jobangebote vor und du musst eine Option auswählen. Grundsätzlich unterscheiden sich die Stellen in den Merkmalen Gehalt und Arbeitszeit. Hier eine Übersicht:

Option	Gehalt	Arbeitszeit
A	75.000 €	60 h
B	60.000 €	50 h
C	50.000 €	40 h

Nun bewertest du das Gehalt und die Arbeitszeit auf einer Skala von 1 (sehr schlecht) bis 10 (sehr gut). Außerdem legst du eine Gewichtung fest. Nehmen wir dazu an, dir ist dein Gehalt wichtiger als die wöchentliche Arbeitszeit. In diesem Fall gewichtest du die Einzelwerte des Merkmals Gehalt höher (mit dem Faktor 2) als diejenigen des Merkmals Arbeitszeit. Das führt zu folgendem Ergebnis:

Option	Gehalt		Arbeitszeit		Nutzwert
	Bewertung	Gewichtung	Bewertung	Gewichtung	
A	9	2	2	1	20
B	6	2	6	1	18
C	4	2	9	1	17

Bei dieser Berechnung weist Option A den höchsten Nutzwert auf $(20 = 9 \times 2 + 2 \times 1)$ und sollte demnach ausgewählt werden. Sobald deine monatliche Arbeitszeit jedoch von größerer Bedeutung für dich ist und sich die Gewichtung ändert, sieht die Sache schon ein wenig anders aus:

Option	Gehalt		Arbeitszeit		Nutzwert
	Bewertung	Gewichtung	Bewertung	Gewichtung	
A	9	1	2	2	13
B	6	1	6	2	18
C	4	1	9	2	22

Nun hat Option C den höchsten Nutzwert $(22 = 4 \times 1 + 9 \times 2)$; deine Priorität hat sich verschoben und damit auch der berechnete Nutzen deiner Handlungsalternativen. Deine Entscheidung fällt nun anders aus als zuvor. Die Nutzwertanalyse ist eine einfache Methode, mit der du den Wert deiner Aktivitäten vergleichen kannst. Dabei kannst du die Gewichtung subjektiv anpassen und deine Abwägung auf diese Weise individualisieren.[10]

TO-DO

Wende die Nutzwertanalyse an und bewerte drei vergleichbare Aufgaben, indem du den spezifischen Nutzwert berechnest!

EISENHOWER-METHODE

Mithilfe einer Methode des ehemaligen US-Präsidenten Dwight D. Eisenhower kannst du deine Aufgaben unter Berücksichtigung ihrer Wichtigkeit und Dringlichkeit bewerten. Auf diese Weise bestimmst du schnell und einfach Prioritäten, identifizierst unnötige Aufgaben und eliminierst sie. Wenn du mit dem Eisenhower-Prinzip arbeitest, stellst du dir zu jeder Aufgabe zwei Fragen:

- Ist die Aufgabe wichtig oder nicht wichtig?
- Ist die Aufgabe dringend oder nicht dringend?

Ausgehend von diesen zwei Fragen und den vier verschiedenen Kombinationsmöglichkeiten der Antworten entsteht eine Entscheidungsmatrix, in der jede Aufgabe einen Platz findet:

	nicht wichtig, aber dringend delegieren	**wichtig und dringend** sofort selbst erledigen
dringend / nicht dringend	**weder wichtig, noch dringend** ab in den Papierkorb	**wichtig, aber nicht dringend** terminieren, selbst erledigen
	nicht wichtig	wichtig

Dringlichkeit

Wichtigkeit

Eine Aufgabe gilt dann als wichtig, wenn sie direkte Auswirkungen auf dein übergeordnetes Ziel hat und dir überproportional weiter hilft. Ansonsten ist die Aufgabe als nicht wichtig einzustufen. Als dringend gelten Aufgaben, wenn sie zeitnah erledigt werden müssen, weil sie ansonsten ihren Sinn verlieren oder negative Konsequenzen drohen. In allen anderen Fällen (wenn zum Beispiel keine Deadline vorliegt) sind Aufgaben als nicht dringend zu betrachten.

Wird eine Aufgabe als wichtig und dringend eingestuft, solltest du dich sofort und persönlich darum kümmern. Wichtige Aufgaben, die allerdings nicht dringend sind, terminierst du am besten und erledigst sie zu einem späteren Zeitpunkt selbst. Aufgaben, die als dringend, aber nicht wichtig bewertet werden, kannst du delegieren. Ist eine Aufgabe schließlich weder wichtig noch dringend, solltest du dich gar nicht um sie kümmern.

Mit dem System von Eisenhower kannst du deine Aufgaben systematisch sortieren. Sobald du eine Kategorisierung nach Wichtigkeit und Dringlichkeit vornimmst, wirst du feststellen, mit wie vielen überflüssigen Dingen du dich täglich beschäftigst. Aufgaben, die in Wirklichkeit gar nicht wichtig sind, rücken häufig nur in unseren Fokus, weil wir die zeitliche Komponente der Dringlichkeit überbewerten. Wenn du diesen Zusammenhang erst einmal verinnerlicht hast, wirst du dich deutlich weniger scheuchen lassen, kannst klügere Prioritäten setzen und deine Zeit mit bedeutsamen Tätigkeiten füllen.

TO-DO

Setze die Eisenhower–Methode ein und unterteile deine To–do–Liste in wichtige und unwichtige sowie dringende und nicht dringende Aufgaben!

IVY-LEE-ALGORITHMUS

Vor ungefähr 100 Jahren wurde der Produktivitätsexperte Ivy Lee für eine Methode berühmt, die später seinen Namen tragen sollte. Einer der damals reichsten Menschen auf dieser Welt – der Stahlunternehmer Charles Schwab – beauftragte Lee damit, ihn und seine Manager effizienter zu machen. Lee nahm den Auftrag an: »Geben Sie mir 15 Minuten mit Ihnen und Ihren Führungskräften. Anschließend können Sie meine Methode testen und wenn Sie damit zurechtkommen, bezahlen Sie mir nach drei Monaten, was Sie für angemessen halten.«

Lee verdiente ein Vermögen und sein fantastischer Ruf sollte Generationen überdauern. Er entwickelte einen Priorisierungsalgorithmus, der bei minimalem Aufwand mehr Produktivität und bessere Ergebnisse erzielen kann. Keine Sorge, du musst dafür nichts programmieren. Alles, was du zur Anwendung des Ivy-Lee-Algorithmus benötigst, ist etwas zu schreiben.

Im ersten Schritt erstellst du eine Liste mit deinen wichtigsten Aufgaben. Im Original ist die Rede von sechs To-dos, aber die Anzahl sollte sich nach deiner individuellen Leistungsfähigkeit und der Komplexität der Aufgaben richten. Anschließend bestimmst du Prioritäten und ordnest deine Aufgaben der Wichtigkeit nach. Diese Schritte führst du entweder am Vorabend oder direkt am frühen Morgen durch.

Nun beginnst du mit der Abarbeitung deiner Liste und konzentrierst dich voll und ganz auf die Aktivität mit der höchsten Priorität. Alles andere blendest du aus. Sobald du die erste Aufgabe erledigt hast, aktualisierst du deine To-do-Liste: Sind neue, wichtige Aufgaben hinzugekommen? Haben sich alte Aufgaben von selbst erledigt oder können gestrichen werden? Sind deine Prioritäten noch aktuell? Wenn deine Liste auf dem neusten Stand ist, beginnst du erneut mit der wichtigsten Aufgabe und arbeitest sie mit höchster Konzentration ab. Danach aktualisierst du wieder deine Liste und so weiter. Am Ende des Tages überträgst du alle unerledigten Aufgaben auf eine neue Liste, planst deine Aktivitäten für den nächsten Tag und priorisierst erneut. Am Folgetag geht es dann wieder von vorn los. Die Ivy-Lee-Methode folgt also diesem Ablauf:

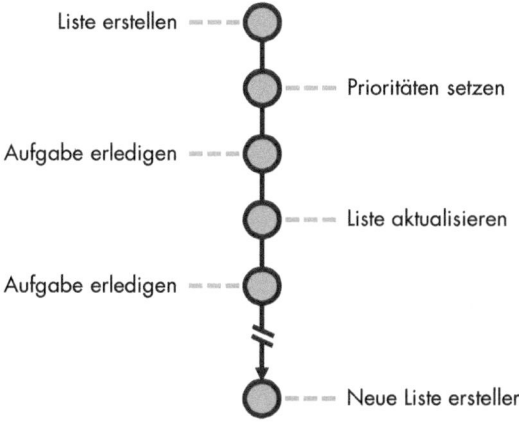

Zwei Gegebenheiten machen diese Methode so stark: Erstens bringt dich der Ivy-Lee-Algorithmus dazu, morgens mit deiner wichtigsten Aufgabe zu beginnen. Du verschwendest keine Zeit, sondern bist direkt voll fokussiert. Zweitens sorgen die Aktualisierungsvorgänge für eine kontinuierliche Bewertung deiner Aufgaben. Dadurch kümmerst du dich grundsätzlich nur um deine oberste Priorität. Allein dafür kann sich dieser Ansatz lohnen.

TO-DO

Wende den Ivy–Lee–Algorithmus an und arbeite einen Tag lang nach dieser Methode!

ZUSAMMENFASSUNG

In diesem Kapitel hast du gelernt, worauf es beim Prioritätensetzen ankommt und warum du deine Aufgaben regelmäßig bewerten solltest. Dazu hast du verschiedene Werkzeuge und Mechanismen kennengelernt, mit deren Hilfe du deine tägliche To-do-Liste ordnen kannst:

- Prioritäten schärfen deinen Fokus und bündeln deine Energie.

- Es sollte nur eine Priorität geben: Wenn alle Punkte auf deiner Liste gleich wichtig sind, ist am Ende gar nichts wichtig.

- Die Fokus-Frage zeigt dir, welche Aufgabe für das Erreichen eines bestimmten Ziels am wichtigsten ist – und daher mit höchster Priorität von dir erledigt werden sollte.

- Die Fokus-Frage lautet: Welches ist die *eine* Sache, die ich tun kann, sodass alles andere einfacher oder sogar überflüssig wird?

- Das Pareto-Prinzip besagt, dass nur 20 Prozent des Inputs für 80 Prozent des Outputs sorgt.

- Um das Ungleichgewicht der Pareto-Verteilung zu deinem Vorteil zu nutzen, musst du dich primär um die Aufgaben kümmern, die überproportional gute Ergebnisse bringen.

- Mithilfe der Nutzwertanalyse kannst du verschiedene Aktivitäten anhand einzelner Merkmale bewerten und dadurch einen konkreten Nutzwert berechnen.

- Mit der Eisenhower-Methode kannst du deine Aufgaben hinsichtlich ihrer Wichtigkeit und Dringlichkeit kategorisieren.

- Der Ivy-Lee-Algorithmus bringt dich dazu, deine Prioritäten kontinuierlich zu überprüfen, und stärkt die Fokussierung auf deine aktuell wichtigste Aufgabe.

KAPITEL 5

PLANUNG

EINLEITUNG

Sobald deine Ziele und Prioritäten feststehen, könntest du dich an die Arbeit machen und deine wichtigsten Aufgaben anpacken. Besser wäre es jedoch, vorher einen klugen Plan aufzustellen. Warum? Weil du nur mit Plänen ein selbstbestimmtes Leben führen kannst. Ohne Plan fehlen dir Orientierung und Antrieb bei deinen kurzfristigen und langfristigen Aufgaben. So bleibt dein Global Picture ein verschwommener Wunsch und wird niemals Realität. Du lässt dich treiben und schaust, welche Dinge im Laufe der Zeit auf dich zukommen. Das Problem dabei ist: Irgendwann verlierst du die Kontrolle, versäumst aussichtsreiche Gelegenheiten und bleibst häufig unter deinen Möglichkeiten.

Das heißt konkret: Du bist grundsätzlich spät dran, erscheinst unvorbereitet zu beruflichen Besprechungen, verpasst wichtige Abgabetermine und hast regelmäßig Stress im Büro. Außerdem fällst du leichter in alte Beschäftigungsmuster zurück und vertrödelst deine Zeit mit unplanmäßigen Aktivitäten. Einen Großteil dieser Probleme kannst du mit etwas Planung verhindern.

Hinzu kommt: Wenn du jeden Tag im Voraus planst, wirst du es viel leichter finden, mit wichtigen Aufgaben anzufangen und bis zum Schluss durchzuhalten. Du schiebst automatisch weniger Dinge auf und arbeitest fokussierter an deinen Zielen.

Doch Pläne helfen dir nicht nur bei deinem persönlichen Neuanfang – sie können dir auch unglaublich viel Zeit sparen. Der Grund dafür ist die 10/90-Regel. Sie besagt: Durch die ersten 10 Prozent der Zeit, die du für deine Planung aufwendest, sparst du ganze 90 Prozent der Zeit, die du brauchst, um die geplante Aufgabe zu erledigen. Mit einem kleinen organisatorischen Mehraufwand kannst du die eigentliche Arbeit enorm beschleunigen. Trotz zusätzlicher Planungszeit bist du schneller mit allem fertig, weil du strategisch handelst und deine Arbeitskraft klug einteilst. Wie dir das konkret gelingt, erfährst du in diesem Kapitel.

ÜBERBLICK

In diesem Kapitel lernst du,

- wie du langfristige und komplexe Aufgaben mit einem Gantt–Chart planen und visualisieren kannst.

- wie du mithilfe der ALPEN–Methode eine effiziente Tagesplanung realisierst.

- warum du deine Aufgaben und Aktivitäten in Blöcken organisieren solltest und wie du dabei vorgehen kannst.

- warum Deadlines in deinen Planungsprozessen eine wichtige Rolle einnehmen sollten.

- wie du mit einer klugen Vorbereitung viel Zeit und Nerven beim Erledigen deiner Aufgaben sparst.

GANTT-CHARTS

Der Grundsatz einer soliden Planung besteht darin, Ziele und Aufgaben in konkrete Handlungen zu überführen und diese zeitlich abzustecken. Bei der Planung von langfristigen oder komplexen Aufgaben ist es zudem wichtig, dass du den Überblick behältst und eine grobe Abfolge der einzelnen Arbeitsschritte bestimmst. Die Detailplanung kannst du kurzfristig (zum Beispiel auf Tagesebene) vornehmen – andernfalls besteht ein hohes Risiko, dass du dich verzettelst. Damit das nicht passiert, empfiehlt sich der Einsatz eines sogenannten Gantt-Charts. Dieses Instrument wird häufig im Projektmanagement angewendet und liefert die besten Ergebnisse für eine flexible und zielgerichtete Planung. Dabei handelt es sich um ein zweidimensionales Balkendiagramm, das die zeitliche Abfolge der einzelnen Arbeitsschritte grafisch auf einer Zeitachse darstellt.[11]

Sehen wir uns dazu ein Beispiel an. Angenommen, du möchtest eine komplexe Aufgabe planen, für deren Fertigstellung fünf Tage vorgesehen sind. Nach einer ersten Analyse kannst du vier Teilaufgaben bestimmen und deren Dauer abschätzen. Außerdem gelingt es dir, für jede Teilaufgabe ein konkretes Ziel zu definieren:

Aktivität	Dauer	Ziel
Teilaufgabe 1	1 Tag	Z 1
Teilaufgabe 2	2 Tage	Z 2
Teilaufgabe 3	1 Tag	Z 3
Teilaufgabe 4	1 Tag	Z 4

In unserem Beispiel bauen die Teilaufgaben aufeinander auf, das heißt, erst wenn du das Ziel Z 1 von Teilaufgabe 1 erreicht hast, kannst du mit Teilaufgabe 2 fortfahren und so weiter.

Auf dieser Basis kannst du nun einen Gantt-Chart für deine Aufgabe erstellen, indem du alle Aktivitäten und Ziele über einer Zeitachse einträgst:

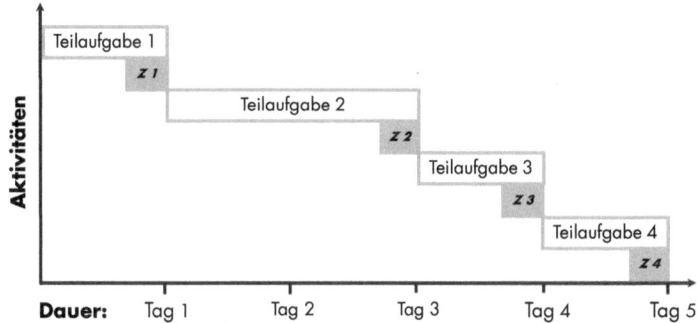

Selbst Aufgaben, die aus 100 und mehr Teilschritten bestehen oder sich über mehrere Monate verteilen, kannst du auf diese Weise planen und visualisieren. Parallele Abläufe sind ebenfalls möglich, falls die entsprechenden Aktivitäten simultan beziehungsweise unabhängig voneinander bearbeitet werden können. Natürlich wird dein Gantt-Chart dann komplexer, aber du kannst jede Teilaufgabe mit der entsprechenden Deadline sowie alle Ziele und deren Reihenfolge systematisch aufnehmen. Dazu eignen sich neben professionellen Projektmanagement-Tools auch herkömmliche Software-Lösungen wie Excel oder Planungs-Apps für dein Smartphone. Damit behältst du stets die Übersicht und kannst zu jedem Zeitpunkt nachsehen, an welcher Stelle deines Aufgabenplans du dich befindest.[12]

TO-DO

Erstelle einen Gantt–Chart für eine langfristige Aufgabe, indem du einzelne Teilaufgaben sowie Ziele definierst und sie zeitlich einordnest!

ALPEN-METHODE

Mithilfe der ALPEN-Methode kannst du einen produktiven Tagesplan entwickeln und deine Aktivitäten realistisch organisieren. Dieses Konzept von Lothar Seiwert besteht aus fünf Planungsstufen und erfordert nicht viel Zeit in der Umsetzung. Das verbirgt sich hinter der ALPEN-Methode:

- A: Aufgaben und Termine aufschreiben
- L: Länge (Dauer) der Aktivitäten schätzen
- P: Pufferzeiten einplanen
- E: Entscheidungen treffen
- N: Nachkontrolle[13]

Im ersten Schritt trägst du alle Aufgaben und Termine zusammen, die du an dem betreffenden Tag erledigen möchtest. Wichtig ist hierbei, dass du deine Planung schriftlich vornimmst und deine Vorhaben auf einer Liste notierst. Als Nächstes schätzt du die Dauer jeder Aktivität ab. Ergänze dazu auf deiner Aufgabenliste die entsprechende Zeitspanne. Deine Schätzung sollte realistisch – und nicht zu optimistisch – ausfallen, denn in der Regel planen wir für unsere Aufgaben zu wenig Zeit ein. Hinzu kommt: Egal wie gut deine Tagesplanung aussieht, sie wird nie zu 100 Prozent aufgehen. Deswegen musst du beim Zusammenstellen deiner täglichen To-dos Pufferzeiten einplanen. Eine bekannte Faustregel aus der Fachliteratur dazu lautet: Verplane nur 50 Prozent deiner Arbeitszeit und reserviere den Rest für Unerwartetes! Dieses Vorgehen wirkt erzkonservativ, die Erfahrung zeigt jedoch: Ablenkungen, Prokrastination und unerwartete Ereignisse stehlen mehr von unserer Zeit, als wir zunächst wahrnehmen. Pufferzeiten helfen dir, damit umzugehen, und geben dir Spielraum.

Nachdem du nun deine Aufgaben (sowie deren jeweilige Dauer) kennst und dir 50 Prozent deines Tages reserviert hast, musst du entscheiden, welche Aufgaben es von der Liste in deinen Tagesplan schaffen. An dieser Stelle rufst du dir deine übergeordneten Ziele in Erinnerung und konzentrierst dich auf deine wichtigsten Herausforderungen. Setze kluge Prioritäten und entscheide dich bewusst für die Aufgaben, die dich wirklich weiterbringen. Nach diesem Selektionsprozess liegt dein vorläufiger Tagesplan vor dir:

Aufgaben/Termine	Dauer
Projektbericht schreiben	120 Minuten
Patentrecherche durchführen	45 Minuten
Kundentelefonat führen	15 Minuten
Besprechung mit der Abteilungsleiterin	45 Minuten
Website aktualisieren	60 Minuten
E-Mails bearbeiten	30 Minuten
Meeting mit Kollegen	60 Minuten

Zum Schluss führst du eine kritische Kontrolle deiner Tagesplanung durch. Frage dich dazu: Ist meine Planung realistisch? Habe ich mir zu viel vorgenommen? Habe ich alle Aufgaben und Zeiten richtig eingeschätzt? An welchen Stellen gab es zuletzt Probleme? Nach diesem Qualitätscheck steht dein Plan für den nächsten Tag fest!

TO-DO
Setze die ALPEN–Methode ein und plane deinen nächsten Tag! Achte dabei besonders auf Pufferzeiten und führe eine kritische Nachkontrolle durch!

EFFIZIENTE BLÖCKE

Die Zusammenstellung deiner Aktivitäten auf einer To-do-Liste hat einen großen Nachteil: In der Regel ist deine Planung thematisch ungeordnet. Die Reihenfolge deiner Aufgaben ist willkürlich und folgt keiner effizienten Struktur. Würdest du stur jeden Punkt nacheinander abarbeiten, wärst du zwar beschäftigt, aber alles andere als produktiv. Du würdest von Aufgabe zu Aufgabe springen und dich jedes Mal neu in die Arbeitsroutinen und Prozesse eindenken müssen. Dabei geht nicht nur Energie, sondern auch viel Zeit verloren. Dementsprechend ist es sinnvoll, ähnliche und verwandte Aufgaben in Blöcken zusammenzufassen und diese dann gebündelt hintereinander zu bearbeiten. Diese Bündelung wird als »Chunking« bezeichnet; die jeweiligen Aufgabenblöcke sind die sogenannten Task Chunks.

Aufgabenblöcke fördern eine effiziente Arbeitsweise. Indem du ähnliche Aufgaben gebündelt bearbeitest, setzt du deine Zeit wirtschaftlich ein, wirst weniger abgelenkt und kannst deine arbeitstechnischen Reibungsverluste reduzieren. Sieh dir einmal die folgende To-do-Liste an:

- Angebot für Kunden erstellen, Vortragskonzept erarbeiten, Geld überweisen, E-Mail von Frau Meier beantworten, Grafiken für den Vortrag erstellen, WhatsApp-Nachrichten beantworten, Herrn Blien zurückrufen, Vertragsangebot überarbeiten, Rechnung erstellen, Einstiegstext für den Vortrag ausformulieren, Neukundenakquise, Monatsüberweisung prüfen …

Chaos pur. Solch eine Auflistung ist alles, nur nicht förderlich für deine Produktivität. Durch den Einsatz effizienter Blöcke kannst du diese »Struktur« jedoch aufbrechen und deine Aufgaben neu ordnen. Dazu analysierst du zunächst deine To-do-Liste und bestimmst thematische Kategorien. Danach ordnest du jede Aufgabe in eine Kategorie ein und bildest auf diese Weise Blöcke. Das Ergebnis könnte zum Beispiel so aussehen:

Kommunikation	Vortrag	Finanzen	Kunden
E-Mails	Konzept	Rechnung stellen	Angebot 1
Telefonate	Grafiken	Überweisung 1	Angebot 2
WhatsApp	Text	Überweisung 2	Akquise

Während du am Anfang ein Wirrwarr von Aufgaben auf dem Zettel hast, steht am Ende des Prozesses eine übersichtliche Zusammenstellung, die du viel leichter durchschauen und abarbeiten kannst. Das Chunking folgt keinen festen Vorgaben, sondern richtet sich nach der inhaltlichen und zeitlichen Ausrichtung der Aufgaben: To-dos, die ähnliche Arbeitsschritte erfordern, vergleichbare Rahmenbedingungen haben oder die gleichen Hilfsmittel benötigen, können leicht zu einem Aufgabenblock zusammengefasst werden. Kurze (Teil-)Aufgaben eignen sich dabei eher für eine Bündelung als große Projekte, die für sich genommen schon viel Zeit in Anspruch nehmen. Letztere können jedoch in einzelne Arbeitsschritte aufgeteilt und im Nachhinein zu den passenden Kategorien hinzugefügt werden.

TO-DO

Ordne deine To–do–Liste, bestimme Kategorien und bilde effiziente Aufgabenblöcke!

NÜTZLICHE NERVENSÄGEN

Viele deiner geplanten Aufgaben entwickeln erst dann eine gewisse Triebkraft, wenn du sie mit der nötigen Verbindlichkeit ausstattest. Aus diesem Grund solltest du, sooft es geht, Deadlines vergeben und eigene Fristen bestimmen. Im täglichen Leben läufst du Deadlines an jeder Ecke über den Weg. Besprechungstermine, Lieferfristen oder die Abgabe deiner Steuererklärung: All dies sind Deadlines, die dein Handeln – mehr oder weniger freiwillig – antreiben. Jeder kennt sie – und fast jeder findet sie nervig. Dabei ist eine Deadline an sich etwas Gutes und kann dir dabei helfen, fokussiert und produktiv zu arbeiten. Damit dir das gelingt, sehen wir uns jetzt zwei wichtige Grundregeln an.

Zunächst widmen wir uns dem Parkinson'schen Gesetz. Der britische Soziologe Cyril Parkinson hat den menschlichen Umgang mit Zeit und das Verhalten in Stresssituationen untersucht. Seine Feststellung lautet:

- Eine Aufgabe dehnt sich in genau dem Maß aus, wie Zeit für ihre Erledigung zur Verfügung steht.

Das bedeutet: Aufgaben ohne genaue Terminierung sind unendlich dehnbar und nehmen riesige Zeitfenster ein. Produktives Arbeiten ist fast unmöglich, weil wir Menschen wahre Meister darin sind, uns selbst zu sabotieren und nach Ablenkungen zu suchen. Eine Deadline hingegen schärft den Fokus. Du wirst dazu gezwungen, dich auf die wichtigen Dinge zu konzentrieren, weil keine Zeit für Nebensächlichkeiten bleibt. Aus diesem Grund solltest du für jede deiner Aufgaben eine Deadline festlegen, die den zeitlichen Bearbeitungsrahmen beschränkt und dich dazu bringt, effizient und schnell zu handeln. Bestimmst du hingegen keine Frist zur Fertigstellung, wirst du deine Arbeit viel eher aufschieben und hinauszögern – mit einer sinnvollen Terminierung passiert dir das nicht. Zudem hat eine bevorstehende Deadline großen Einfluss darauf, mit wie viel Elan du die nächste Herausforderung angehst. Erst kurz vor dem Stichtag werden viele Menschen am produktivsten. Die Deadline zwingt sie nämlich dazu, mit voller Aufmerksamkeit an einer einzigen Sache zu arbeiten. Dieses Phänomen wird in der Edwards-Regel beschrieben. Sie lautet:

- Der investierte Aufwand in die Erledigung einer Aufgabe steigt umgekehrt proportional zur verbleibenden Zeit.

Das bedeutet: Je weniger Zeit du für eine Aufgabe hast, desto mehr legst du dich ins Zeug. Und andersherum: Wenn noch viel Zeit bis zur Deadline bleibt, wirst du nur mit minimalem Einsatz an deiner Aufgabe arbeiten. Grafisch kannst du dir das so vorstellen:

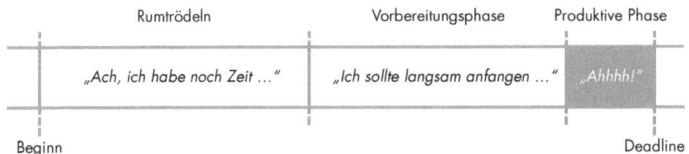

Dein Ziel sollte also sein, möglichst schnell in die produktive Phase zu gelangen, weil dort die meisten Ergebnisse erreicht werden. Diese beiden Gesetzmäßigkeiten kannst du dir zunutze machen, indem du erstens jede deiner Aufgaben mit einer Deadline versiehst und zweitens diese Deadlines eher knapp ansetzt.

TO-DO

Nutze die Macht von Deadlines und bestimme für jede Aufgabe auf deiner To-do-Liste eine verbindliche Frist!

HALBE MIETE

Sobald deine Tagesplanung steht und alle Aufgaben geordnet sowie mit einer Deadline versehen sind, hast du deinen Planungsprozess fast abgeschlossen. Eine wichtige Komponente fehlt jedoch noch: die Vorbereitung. Für deine Produktivität ist eine kurze strategische Vorbereitung Gold wert. Wenn du dir vor jedem neuen Projekt überlegst, wie du deine Arbeitsschritte durchführen möchtest und daraus vorbereitende Maßnahmen ableitest, wirst du auf Knopfdruck viel mehr schaffen als zuvor und gleichzeitig bessere Ergebnisse erzielen. Eine Effizienzsteigerung von 30 bis 50 Prozent ist möglich, wenn du deine Aufgaben klug vorbereitest – und das ist fast die halbe Miete. Doch eine gute Vorbereitung ist mehr, als einen Blick auf die To-do-Liste zu werfen und ein paar Buntstifte rauszulegen. Sie muss ganzheitlich sein und sollte dich auf deine bevorstehende Aufgabe einstimmen. Deine Vorbereitung muss dich abholen und dafür sorgen, dass du in eine leistungsfähige Verfassung und in einen konzentrierten Zustand gelangst. Dazu sollte deine Vorbereitung die folgenden drei Bereiche abdecken:

- Inhaltliche Vorbereitung
- Praktische Vorbereitung
- Mentale Vorbereitung

Die inhaltliche Vorbereitung hat den Zweck, dich für deine bevorstehende Aufgabe thematisch fit zu machen. Bevor du mit der Arbeit loslegst, solltest du dich schon grob mit dem Thema auskennen und über ein solides Grundwissen verfügen. Führe daher beispielsweise eine schnelle Onlinerecherche durch, sieh dir ein Erklärvideo zum Thema an oder bitte eine Kollegin um Tipps.

Bei der praktischen Vorbereitung geht es um die richtige Bereitstellung deiner Arbeitsmaterialien. Nur wenn die Rahmenbedingungen geregelt sind, kannst du dich voll und ganz auf deine Aufgabe konzentrieren. Achte zum Beispiel darauf, dass deine Software funktioniert, der Drucker einsatzfähig ist oder dein Taschenrechner griffbereit liegt, wenn du eine Projektkalkulation durchführen möchtest.

Mit der mentalen Vorbereitung schließt du dein Warm-up-Programm ab. In dieser Phase setzt du dich mental mit deiner Aufgabe auseinander und arbeitest an deinem Mindset. Mentale Bilder (Kapitel 2) können dich dabei unterstützen (wenn du dir beispielsweise vor einem wichtigen Vortrag ausmalst, wie du das Publikum begeistern wirst). Diese drei Ebenen sind die Säulen der Vorbereitung und du kannst sie dir so vorstellen:

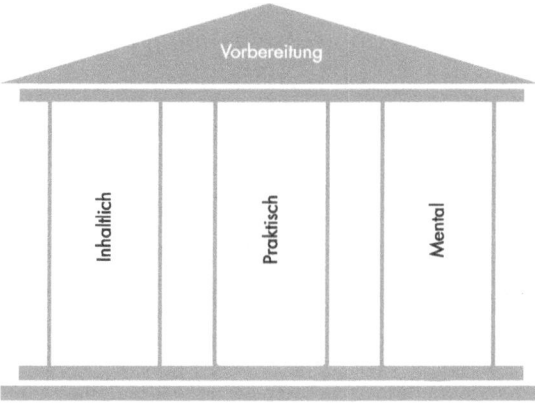

So individuell deine Arbeitsweise auch sein mag: Diese drei Bestandteile dürfen bei einer guten Vorbereitung nicht fehlen. Sie runden eine produktive Planung ab und sparen wertvolle Zeit.

TO-DO
Mach es dir zur Gewohnheit, wichtige Aufgaben vorzubereiten, und berücksichtige dabei die drei Säulen der Vorbereitung!

ZUSAMMENFASSUNG

In diesem Kapitel hast du gelernt, warum du deine Aufgaben planen solltest und wie gute Planung deine Produktivität verbessern kann. Daneben kennst du nun langfristige und kurzfristige Planungswerkzeuge und weißt, wie du deine Tätigkeiten in einen sinnvollen zeitlichen Rahmen bringen kannst:

- Pläne bringen Struktur in deine täglichen Abläufe und sorgen dafür, dass du deine Zeit besser nutzen kannst.

- Die 10/90-Regel besagt, dass durch die ersten 10 Prozent der Zeit, die du für deine Planung aufwendest, 90 Prozent der Zeit eingespart werden, die du für die Erledigung der geplanten Aufgabe brauchst.

- Mithilfe eines Gantt-Charts kannst du langfristige und komplexe Aktivitäten planen und visualisieren.

- Die ALPEN-Methode beschreibt ein fünfstufiges Konzept, mit dem du einen produktiven Tagesplan entwickeln kannst.

- Inhaltlich ähnliche Aufgaben solltest du in Blöcken zusammenfassen und diese gebündelt nacheinander bearbeiten.

- Das Parkinson'sche Gesetz lautet: Eine Aufgabe dehnt sich in genau dem Maß aus, in dem Zeit für ihre Erledigung zur Verfügung steht.

- Die Edwards-Regel lautet: Der investierte Aufwand in die Erledigung einer Aufgabe steigt umgekehrt proportional zur verbleibenden Zeit.

- Mit einer inhaltlichen, praktischen und mentalen Vorbereitung kannst du deine Aufgaben optimal organisieren und eine Effizienzsteigerung von 30 bis 50 Prozent erzielen.

KAPITEL 6

FOKUS

EINLEITUNG

Egal wie motivierend und ausgeklügelt deine Pläne auch sein mögen: Wenn du bei der Umsetzung in alte Verhaltensmuster zurückfällst und deine Zeit unproduktiv einsetzt, wirst du niemals das erreichen, was du dir vorgenommen hast. Dich mit deinen Zielen und Plänen zu beschäftigen, reicht nicht – du musst sie auch mit voller Konzentration und Entschlossenheit angehen. Denk an unseren Leitsatz: *Busy is the new stupid!* Solange du deine Arbeitsweise nicht modifizierst, kommst du nicht in die Gänge und kochst weiterhin (wie 95 Prozent aller Menschen) nur mit Wasser. Die Geheimzutat, die es dir erlaubt, diesen Zustand zu verlassen und endlich in den Produktivitätsolymp aufzusteigen, ist: Fokus.

Wenn du produktiv sein möchtest, musst du dich fokussieren. Das bedeutet konkret: Beschäftige dich nicht mit zu vielen Dingen gleichzeitig, sondern konzentriere dich immer nur auf eine einzige Aufgabe, die in diesem Moment vor dir liegt. Deine volle Aufmerksamkeit muss auf die aktuelle Situation gerichtet sein.

Viele Aufgaben und Herausforderungen in deinem Leben sind komplex und wirken auf den ersten Blick abschreckend. Sie lassen sich nicht mal eben nebenbei erledigen. Um sie zu bewältigen, musst du dich vielmehr erst in diese Aufgaben hineindenken, sie planen, ausprobieren, von vorn beginnen, recherchieren und so weiter. Wenn du dabei unaufmerksam bist und deine Anstrengungen nicht konzentrierst, wirst du wertvolle Zeit, Energie und Motivation verschwenden, statt große Erfolge einzufahren. Gewöhne dir daher an, deine mentalen Kräfte zu bündeln und niemals parallel an mehreren Baustellen zu arbeiten.

Doch das ist nicht genug. Hast du deinen inneren Fokus erst einmal gefunden, steht dir noch eine weitere Herausforderung bevor: Du musst ihn gegen äußere Störungen verteidigen. Deine Konzentration ist eine dynamische Größe; sie bleibt über den Tag verteilt nicht auf einem konstanten Niveau, sondern pendelt zwischen Höhen und Tiefen hin und her. Zudem bist du jeden Tag unendlich vielen Ablenkungen ausgesetzt, die um deine Aufmerksamkeit buhlen. Wie du diesen Versuchungen widerstehen und stattdessen konzentriert bleiben kannst, lernst du in diesem Kapitel.

ÜBERBLICK

In diesem Kapitel lernst du,

- wie du deinen individuellen Biorhythmus nutzen kannst, um fokussierter zu arbeiten.
- warum Multitasking schlecht für dich ist und weshalb du stattdessen Singletasking praktizieren solltest.
- warum regelmäßige Pausen wichtig sind, um deinen Fokus zu stärken und länger durchzuhalten.
- wie du mithilfe der Pomodoro-Technik über Stunden konzentriert arbeiten kannst.
- mit welchen Maßnahmen du dich zwischendurch zurückziehen und von deiner Umwelt abschotten kannst.

INNERE UHR

Je nach Tageszeit kann es dir entweder leicht- oder schwerfallen, eine Aufgabe mit voller Konzentration zu bearbeiten. Das hängt mit deinem persönlichen Biorhythmus zusammen. Es gibt Phasen, in denen du sehr produktiv bist und eine Aufgabe nach der anderen erledigst. Es gibt aber auch Zeiten, in denen du gar nichts auf die Reihe bekommst und anspruchsvolle Arbeiten das Letzte sind, was du tun solltest. Solche Schwankungen spiegeln sich in deiner Leistungskurve wider. Diese Kurve zeigt dir, zu welcher Tageszeit sich deine Leistungsfähigkeit über oder unter deinem Grundniveau von 100 Prozent befindet. Damit kannst du direkte Rückschlüsse auf deine Konzentration ziehen und besser abschätzen, wann du dich mit welcher Aufgabe beschäftigen solltest. Für einen sogenannten Morgenmenschen könnte ein typischer Tagesverlauf so aussehen:[14]

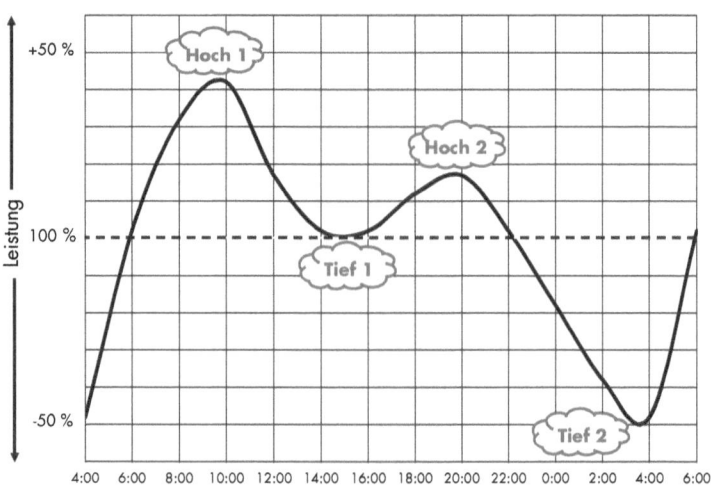

Ab 6:00 Uhr steigt die Leistungsfähigkeit an und erreicht ein erstes Hoch gegen 10:00 Uhr. Danach fällt die Kurve ab und leitet gegen 14:00 Uhr ein Mittagstief ein. Abends, gegen 20:00 Uhr,

entsteht noch ein zweites Hoch, bevor es dann Richtung Bett und Tiefschlafphase geht. Insgesamt gibt es also jeweils zwei dominante Hochs und Tiefs in diesem Tagesablauf. Jeder Mensch hat einen individuellen Biorhythmus und eine eigene Leistungskurve. Diese kann weiter nach rechts verschoben sein und selbstverständlich auch mehr oder weniger als zwei Hochs und Tiefs aufweisen. Dabei können die Schwankungen ebenfalls stärker oder schwächer ausfallen. Es gibt unendlich viele Varianten.

Was bedeutet das für dich? Keine Leistungskurve ist an sich gut oder schlecht – keine Version ist besser als eine andere. Sie sind einfach verschieden. Wichtig ist nur, dass du deine Leistungskurve kennst und deine Hochs und Tiefs klug nutzt. Dabei legst du anspruchsvolle Aufgaben in deine Hochphasen und arbeitest dann an wichtigen Projekten, wenn deine Leistungsfähigkeit am stärksten ausgeprägt ist. Wenn du dich in einem Leistungstief befindest, solltest du nicht gegen deinen biologischen Rhythmus ankämpfen, sondern versuchen, zu entspannen und diese Phase für Routineaufgaben und soziale Kontakte nutzen. Sobald du deinen Tagesrhythmus in deiner Planung berücksichtigst und deine Aufgaben entsprechend einteilst, wirst du deutlich effizienter arbeiten und bessere Ergebnisse produzieren.

TO-DO

Identifiziere die Zeiten am Tag, zu denen du besonders konzentriert und produktiv arbeiten kannst! Führe deine wichtigsten Aufgaben innerhalb dieser Zeitfenster aus!

SINGLETASKING

Es gibt eine einfache Grundregel für überdurchschnittlich gute Ergebnisse und langfristige Erfolge: Kümmere dich immer nur um eine Sache zur gleichen Zeit. Nicht um zehn, nicht um zwei – sondern nur um eine einzige. »Singletasking« heißt das Mittel der Wahl. Konzentriere dich auf deine aktuelle Aufgabe und blende alles andere aus. Durch Singletasking wird deine Arbeitsweise strukturierter und entspannter. Du kannst dich außerdem intensiver mit deinen Herausforderungen auseinandersetzen, wirst schneller mit deinen To-dos fertig und erzielst qualitativ bessere Ergebnisse. Kurz: Es gibt fast nur Vorteile. Der einzige Nachteil besteht darin, dass Singletasking langweilig ist – langweilig, aber erfolgreich.

Unser Gehirn sucht ständig nach neuen Impulsen und ist offen für jede Art von Ablenkung. Multitasking ist daher besonders interessant und dein Gehirn wird es grundsätzlich dem Singletasking vorziehen. Um das zu verhindern, musst du dein Denkorgan austricksen: Teile deine Aufgaben dazu in kleine Schritte ein und bring diese in eine sinnvolle Reihenfolge. Anstatt einer großen Sache liegen nun viele kleine, abwechslungsreiche Häppchen vor dir, die unterbewusst für mehr Spaß sorgen.

Viele Menschen rühmen sich damit, dass sie »multitaskingfähig« sind – dabei ist das Konzept vom Multitasking eine dreiste Lüge. Es gaukelt uns vor, dass wir mehr schaffen, wenn wir uns mit mehreren Aufgaben gleichzeitig beschäftigen. Dabei ist genau das Gegenteil der Fall: Wir werden ineffektiv und ineffizient; wir erledigen die falschen Dinge (weil wir die Übersicht verlieren) und führen diese dann auch noch schlecht aus (weil wir überfordert und unkonzentriert sind). Außerdem verschwendest du mit Multitasking deine Zeit: Jedes Mal, wenn du deine Arbeit unterbrichst und von Aufgabe zu Aufgabe wechselst, verlierst du nicht nur Zeit bei der Bearbeitung, sondern auch Zeit, die du brauchst, um dei-

nen Fokus wiederzufinden. Wer von seiner Aufgabe auch nur für
einen kurzen Moment abgelenkt wird, benötigt bis zur Weiterarbeit
an der gleichen Stelle eine zusätzliche Anlauf- und Wiedereinar-
beitungszeit. Diese Leistungsverluste können in Summe stark ins
Gewicht fallen und mehr als ein Viertel unserer Zeit ausmachen.
Folgendermaßen kannst du dir diesen sogenannten Sägeblatteffekt
vorstellen: [15]

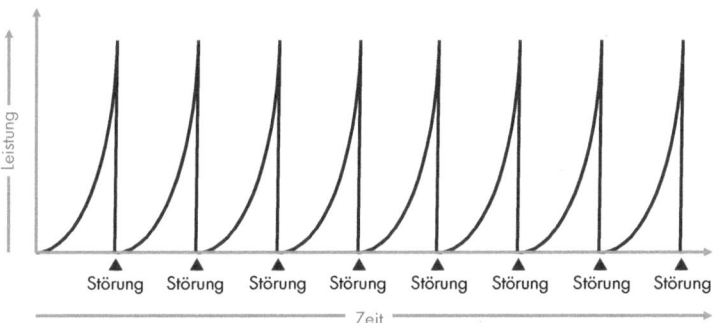

Wenn du beim Bearbeiten einer Aufgabe Ideen oder Einfälle zu
einem anderen Thema hast, kannst du deine Gedanken kurz no-
tieren und auf einer separaten Liste sammeln. Sobald du dein Ziel
erreicht hast, gehst du diesen Dingen nach, ohne dass du aus deiner Konzentrationsphase gerissen wirst.

TO-DO

Verbanne Multitasking aus deinen Arbeitsabläufen und
wende stattdessen ausschließlich Singletasking an!

PAUSEN

Singletasking und fokussiertes Arbeiten können deine Produktivität beflügeln. Langfristig erhältst du deine Konzentration jedoch nur dann aufrecht, wenn du regelmäßige Pausen einlegst. Falls du ununterbrochen durcharbeitest, wird deine Leistungsfähigkeit schon nach kurzer Zeit abnehmen und bald gegen null gehen. Dieses Phänomen wurde in zahlreichen wissenschaftlichen Studien untersucht und immer wieder bestätigt. Eine in der Zeitmanagementliteratur weitverbreitete grafische Darstellung sieht in etwa so aus: [16]

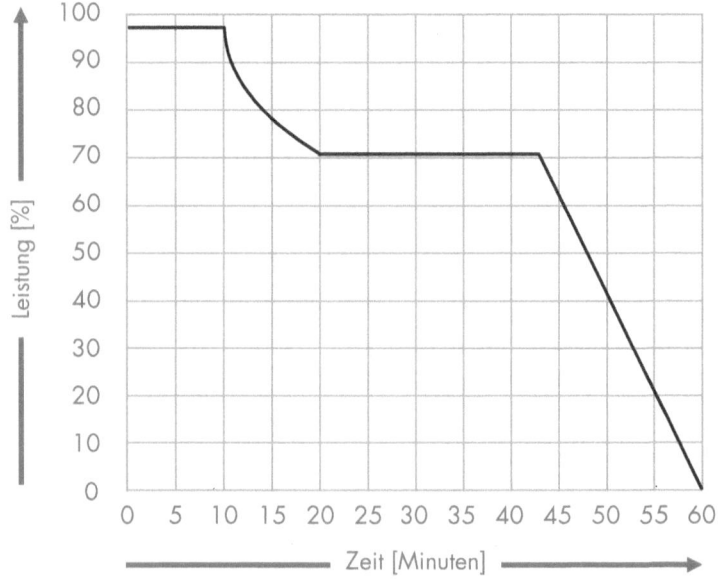

Die Kurve zeigt: Deine Leistung nimmt mit der Zeit ab. Erst moderat, dann ab einem gewissen Punkt besonders drastisch. Daraus ergibt sich die Preisfrage: Was kannst du gegen das Abflachen der Kurve tun, um langfristig konzentriert und leistungsfähig zu bleiben? Die Antwort: Pause machen, Kraft tanken und dann mit neuem Schwung von vorn beginnen. Wenn du deinen Arbeitsrhythmus abwechselnd mit produktiven und erholsamen Einheiten durchmischst, kannst du deine durchschnittliche Leistungsfähigkeit über einen langen Zeitraum aufrechterhalten. Zu Beginn einer Aufgabe steigt deine Leistungskurve stark an und findet sich auf einem hohen Niveau wieder. Sobald deine Leistung abfällt, legst du eine kleine Erholungspause ein und startest danach direkt mit einem neuen Arbeitsintervall. Auf diese Weise kannst du viele kleine effiziente Einheiten aneinanderreihen und damit deutlich bessere Ergebnisse erzielen als mit einer langen Arbeitsphase ohne Unterbrechung:

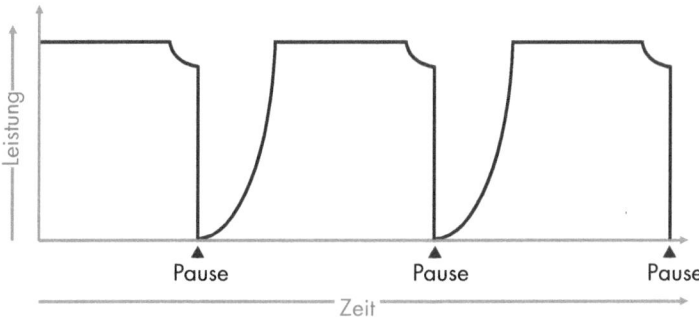

Du unterbrichst quasi die Kurve aus der ersten Darstellung und schneidest sie an der Stelle ab, an der deine Leistungsfähigkeit nicht mehr hoch genug ist. Dann regenerierst du dich und startest eine neue Kurve – allerdings wieder auf einem hohen Leistungsniveau. Diese Strategie klingt eigentlich zu einfach, um wahr zu sein, doch sie funktioniert ganz ausgezeichnet.

TO-DO
Mach dir bewusst, wie nützlich Pausen sind und binde kleine Unterbrechungen zur Erholung in deinen Alltag ein!

KAPITEL 6

POMODORO-TECHNIK

Singletasking in Kombination mit Pausen scheint eine clevere Strategie zu sein, um über einen längeren Zeitraum effizient zu arbeiten. Mithilfe der Pomodoro-Technik kannst du diese beiden Ansätze vereinen und optimal in deinen Alltag integrieren. Die Methode entdeckte Francesco Cirillo, als er in einem Motivationstief steckte und mit seiner Arbeit nicht hinterherkam: Zahlreiche unterschiedliche Aufgaben mit Deadlines, die erst in einigen Wochen drohten, blockierten ihn so sehr, dass er sich nicht dazu durchringen konnte, mit der Abarbeitung seiner To-do-Liste anzufangen. Überfordert holte er sich in einem kreativen Selbstversuch seine kleine Küchenuhr aus dem Schrank, die er sonst zum Eierkochen verwendete, stellte sie auf 25 Minuten ein und verabredete mit sich selbst:

»Wenn ich es schaffe, in dieser Zeit konzentriert an einer Aufgabe zu arbeiten, bekomme ich danach fünf Minuten frei. In dieser kleinen Pause kann ich alles machen, was ich möchte, ohne ein schlechtes Gewissen zu haben.«

In den folgenden 25 Minuten schaffte Cirillo so viel wie sonst an einem ganzen Tag. Und das alles wegen einer kleinen Uhr, die die Form einer Tomate (italienisch: pomodoro) hatte und nach 25 Minuten klingelte. Das war die Geburtsstunde der Pomodoro-Technik. Bei dieser Zeitmanagementmethode werden Aufgaben in kleine Zeiteinheiten von 25 Minuten (die sogenannten Pomodori) eingeteilt und mit höchster Konzentration bearbeitet. Im Anschluss an ein solches Intervall folgt eine kurze Pause von fünf Minuten. Nach insgesamt vier Pomodori kann eine längere Pause von 15 bis 30 Minuten eingelegt werden. Die Intervalldauer ist dabei flexibel und richtet sich nach deinem persönlichen Rhythmus. Ein Beispiel dazu: Angenommen, es stehen vier größere Aufgaben unterschiedlicher Dauer auf deiner To-do-Liste. Ein allgemeiner Pomodoro-Plan dazu könnte so aussehen:

Dauer	Aktivität
25 Minuten	Aufgabe 1 bearbeiten
5 Minuten	Pause machen
25 Minuten	Aufgabe 1 beenden, Aufgabe 2 beginnen
5 Minuten	Pause machen
25 Minuten	Aufgabe 2 bearbeiten
5 Minuten	Pause machen
25 Minuten	Aufgabe 2 beenden
30 Minuten	Pause machen
25 Minuten	Aufgabe 3 bearbeiten, Aufgabe 4 beginnen
5 Minuten	Pause machen
...	...

Solltest du eine Aufgabe nicht innerhalb eines Intervalls beenden können, setzt du die Bearbeitung einfach nach der Pause fort; wirst du hingegen eher fertig, beginnst du mit der nächsten Aufgabe. Die Pausen sorgen dafür, dass du leistungsfähig bleibst und stellen somit sicher, dass du in den kurzen Intervallen hochproduktiv arbeiten kannst.

TO-DO
Wende die Pomodoro–Technik an und arbeite in kleinen, hocheffizienten Intervallen!

ABSCHOTTUNG

Deine Konzentration ist wie ein zartes Pflänzchen. Wenn du dich nicht sorgfältig darum kümmerst und es konsequent gegen Schädlinge verteidigst, fällt die Ernte gering aus. Dazu kann es hilfreich sein, wenn du dich phasenweise zurückziehst und für einen kurzen Moment komplett von deiner Umwelt isolierst. Das bedeutet nicht, dass du deinen Bürokollegen im Schrank einsperren oder deine Familie verlassen sollst. Es geht darum, sich kurzzeitig abzuschotten und in dieser Zeit mit höchster Konzentration zu arbeiten. Und mit Abschotten ist genau das gemeint: Geh in dein Büro, such dir ein ungestörtes Plätzchen oder einen freien Raum, schließ die Tür hinter dir, mach das Fenster zu und isoliere dich komplett von deiner Umwelt. Niemand darf dich stören, Einflüsse von außen sind nicht erwünscht.

Solltest du in einem Großraumbüro sitzen oder in einem lauten Haus wohnen, kannst du Ohrstöpsel benutzen oder Kopfhörer aufsetzen, um dich vor akustischen Ablenkungen zu schützen. Zudem haben Entspannungsmusik oder beiläufige Naturgeräusche wie Regenschauer, Meeresrauschen oder Ähnliches auf viele Menschen eine produktivitätssteigernde Wirkung. Sollte dies in deinem Job unerwünscht sein, kannst du alternativ für eine halbe Stunde ein ruhiges Café, eine Bibliothek oder einen anderen Ort mit niedrigem Geräuschpegel aufsuchen, an dem du einige deiner Aufgaben fokussiert erledigen kannst. Alles, was Störeinflüsse abschirmt, ist erlaubt. Und das gilt in besonderer Weise auf digitaler und kommunikativer Ebene: Telefon, E-Mail und Onlinedienste stehen auf der Rangliste der größten Produktivitätskiller ganz oben. Dein Smartphone und dein Computer halten unendlich viele Informationen für dich bereit und warten nur darauf, dass du deine Arbeit unterbrichst, um dich mit Kollegen und Freunden auszutauschen, die neuesten Neuigkeiten zu checken oder lustige Videos anzuschauen. Erweitere deine Abschottungsstrategie daher auch auf elektronische Geräte. Stell dein Telefon für eine kurze Dauer auf lautlos oder leite eingehende Anrufe weiter. Schalte dein Smartphone aus. Ignoriere E-Mails, indem du dein Mailprogramm schließt und nicht wieder öffnest, bis deine Fokusphase beendet ist. Notfalls kannst du eine temporäre Abwesenheitsnachricht à la Timothy Ferriss erstellen: [17]

> Sehr geehrte Damen und Herren,
> aufgrund hoher Arbeitsauslastung beantworte ich E-Mails aktuell nur zweimal täglich, nämlich um 11 Uhr und um 15 Uhr. In dringenden Fällen, die keinerlei Aufschub dulden, erreichen Sie mich unter der folgenden Telefonnummer: … Ich bitte um Ihr Verständnis und verspreche Ihnen, dass meine erhöhte Produktivität auch Ihnen zugutekommen wird.
> Effiziente Grüße …

Wenn es hart auf hart kommt, kannst du zudem deinen Computer vom Internet trennen und offline arbeiten. Alternativ kannst du auch Programme einsetzen, um bestimmte Software oder Webseiten für eine festgelegte Dauer zu sperren. Zu einem verantwortungsbewussten Umgang mit digitalen Werkzeugen gehört auch die Disziplin, diese Dienste nicht zu nutzen, wenn es darauf ankommt. Mach dir das bewusst und schotte dich von Zeit zu Zeit ab.

TO-DO

Bestimme fünf Abschottungsmaßnahmen, mit deren Hilfe du deine Konzentration im Alltag schützen kannst – und wende sie an!

ZUSAMMENFASSUNG

In diesem Kapitel hast du gelernt, warum eine fokussierte Arbeitsweise so wichtig ist, wenn du deine Produktivität verbessern und deine ambitionierten Ziele erreichen möchtest. Darüber hinaus kennst du nun wichtige konzentrationssteigernde Techniken und weißt, wie du deine Aufmerksamkeit vor den vielen Ablenkungen schützen kannst, die sie in Beschlag nehmen wollen:

- Um produktiv zu sein, musst du dich fokussieren und deine volle Konzentration auf deine wichtigsten Aufgaben lenken.

- Deine Konzentration ist eine dynamische Größe und bleibt über den Tag nicht auf einem konstanten Niveau, sondern pendelt zwischen Höhen und Tiefen hin und her.

- Dein Biorhythmus spiegelt deine persönliche Leistungsfähigkeit wider und zeigt dir, in welchen Phasen des Tages du besonders produktiv und fokussiert sein kannst.

- Das Konzept des Multitaskings ist eine dreiste Lüge und macht dich unproduktiv.

- Singletasking fördert hingegen eine fokussierte Arbeitsweise, spart Zeit und verbessert die Ergebnisse deiner Anstrengungen.

- Mithilfe der Pomodoro-Technik unterteilst du deine Aufgaben in Etappen und bearbeitest diese in kleinen, effizienten Zeitintervallen von circa 25 Minuten. Danach folgt eine Pause.

- Gegen Ablenkungen hilft eine kurzzeitige Abschottung von deiner Umwelt.

- Diese Abschottung solltest du ebenfalls gegen digitale und kommunikative Störquellen einsetzen, um deine Konzentrationsfähigkeit zu bewahren.

KAPITEL 7

PROFIZEITKILLER

EINLEITUNG

Täglich werden wir Opfer von Verbrechen. Die meisten von uns bemerken es nicht einmal, denn diese Art von Kriminalität schleicht sich in unser Leben und unterwandert unsere täglichen Abläufe. Heimlich, still und leise übernehmen fremde Mächte unsere Verhaltensmuster. Ihr Ziel: unsere Zeit. Ohne, dass wir diese Enteignung bewusst mitbekommen, verschwinden Tag für Tag kostbare Minuten oder gar Stunden. Was bleibt, ist ein Gefühl der Ohnmacht, gepaart mit einem anschließenden schlechten Gewissen. Doch mit wem haben wir es hier zu tun? Es handelt sich weder um die italienische Mafia noch um ein asiatisches Syndikat. Wir haben es nicht mit organisiertem Verbrechen zu tun, sondern mit fiesen Schurken, die in uns selbst lauern, denn dubioserweise sind es unsere eigenen Handlungen, die sich täglich gegen uns und unsere Pläne richten.

Einige bezeichnen diese Aktivitäten als »Zeitdiebe«. Ich nenne sie »Zeitkiller« – »Profizeitkiller«, um genau zu sein. Diese Gewohnheiten entwenden dir nämlich nicht nur ein paar Minuten und lassen dich dann in Ruhe. Sie kommen immer wieder, gehen systematisch vor – und werden dabei noch dreister. Wenn du nicht aufpasst, reißen sie sich große Teile deines Tages unter den Nagel. Aus ein paar Minuten Facebook in Kombination mit einem Viertelstündchen Zeitunglesen, ergänzt um einen kleinen Plausch mit der Kollegin, zuzüglich eines spontanen Telefonats kann im Handumdrehen ein ganzer Vormittag werden. Wohlgemerkt ein Vormittag, an dem du rein gar nichts Zählbares geschafft hast. Selbst kleine Bagatelldelikte entwickeln auf Dauer eine bedrohlich destruktive Kraft.

Sollten dir pro Tag »nur« 10 Minuten Zeit gestohlen werden, ergibt sich daraus ein wöchentlicher Verlust von 70 Minuten. Bei 52 Wochen pro Jahr beträgt dein jährlicher Zeitverlust über 60 Stunden.

Das sind 2,5 Tage deines Lebens. Mit einem kleinen Diebstahl hat das nichts mehr zu tun.

Zeitkiller bringen deine Produktivität um die Ecke und richten deine Träume hin – vor deinen Augen. Grausamer geht es fast nicht. Deswegen müssen wir aufhören, diese Ablenkungen und kontraproduktiven Beschäftigungen zu verharmlosen. Mehr noch: Wir sagen ihnen den Kampf an. Dazu sehen wir uns in diesem Kapitel zunächst fünf der gefährlichsten Profizeitkiller an und kümmern uns nach dieser Gegenüberstellung um wirkungsvolle Gegenstrategien. Mit etwas Transferleistung kannst du dann gegen alle Arten von Zeitkillern vorgehen, deinen neu gewonnenen Fokus beschützen und sicher an der Umsetzung deiner Ziele arbeiten.

ÜBERBLICK

In diesem Kapitel lernst du,

- wie du übertriebenen Perfektionismus in den Griff bekommst.

- warum dich planloses Handeln ausbremst und deine Zeit vernichtet.

- was hinter dem Begriff »Mind Wandering« steckt und wie du dich davor schützen kannst.

- warum du dich selbst auf eine Nachrichtendiät setzen solltest.

- wie du mit einer klugen Ablagestrategie Zeit und Nerven sparen kannst.

PERFEKTIONISMUS

Perfektionismus ist ein heikles Thema, zu dem es zwei sehr gegensätzliche Positionen gibt: Die einen bezeichnen sich als perfektionistisch und sind stolz darauf; die anderen nennen Perfektionismus dumm und halten ihn für eine große Gefahr. Die Wahrheit liegt – wie fast immer – irgendwo in der Mitte. Perfektionismus ist an sich weder gut noch schlecht. Es kommt vielmehr darauf an, wie du mit dieser Eigenschaft umgehst. Arbeitest du andauernd zu oberflächlich und gibst dich bei jeder Gelegenheit nur mit dem Nötigsten zufrieden, wirst du niemals über dich hinauswachsen. Deine Erfolge bleiben überschaubar und du erwirbst dir den Ruf, unzuverlässig zu sein. Führst du hingegen jede Aufgabe perfektionistisch aus und gibst dich erst mit dem Ergebnis zufrieden, wenn es annähernd 100 Prozent erreicht hat, verschwendest du Zeit und Energie. In diesem Fall mutiert dein Perfektionismus zu einem der größten Zeitkiller.

Übersteigerter Perfektionismus führt dazu, dass du dich selbst unter riesengroßen Druck setzt und dich schnell mit Einzelheiten verzettelst. So blockierst du dich selbst und verhinderst ein schnelles Vorankommen. Deadlines und Aufgabenpläne können so nicht mehr eingehalten werden, was deine gesamte Zeitplanung zunichtemacht. Wenn du neben deinem Beruf noch Familie, Freunde und so etwas wie ein Privatleben haben möchtest, kannst du dir permanenten Perfektionismus nicht leisten. In der Folge würdest du sonst die Orientierung verlieren, wichtige Lebensbereiche vernachlässigen und haarsträubende Fehler begehen. Ein dauerhafter Leistungseinbruch und sogar gesundheitliche Folgen, etwa Depressionen, sind dann alles andere als unwahrscheinlich.

Damit das nicht passiert, musst du die richtige Balance für dich finden. Grundsätzlich ist es in Ordnung, wenn du bei einigen Aufgaben perfektionistisch handelst – das muss sich aber auf ein paar

Bereiche beschränken. So kannst du zu einem Experten für das entsprechende Gebiet werden und entwickelst eine wirkliche Leidenschaft für ein Thema. Dabei darfst du jedoch nicht vergessen: Tatsächliche Perfektion ist unerreichbar. Kein Zustand und kein Ergebnis kann jemals perfekt sein. Es wird immer einen Bruchteil geben, der noch besser, schöner oder wirtschaftlicher sein könnte. Wenn du allerdings blind auf einen unerreichbaren Zustand hinarbeitest, tappst du in eine der größten Beschäftigungsfallen und kommst deinen eigentlichen Zielen keinen Schritt näher. Der folgende Leitsatz kann dir dabei helfen, dieses Mindset zu verinnerlichen, und dich davor schützen, zu perfektionistisch zu arbeiten:

- Es darf nicht immer perfekt sein!

Du hast richtig gelesen: Es »muss« oder »kann« nicht nur nicht immer perfekt sein – es *darf* gar nicht immer perfekt sein. Besonders dann, wenn du perfektionistisch veranlagt bist und bei der Arbeit jedes noch so kleine Detail recherchierst, beschreibst, ausrechnest oder nachliest, musst du dich selbst bremsen. Du musst lernen, dir den Perfektionismus zu verbieten, wenn du merkst, dass du sonst nicht weiterkommst. Zur Unterstützung kannst du ein Post-it mit deinem neuen Leitsatz beschriften und an deinem Arbeitsplatz platzieren. Alternativ kannst du auch deine Not-to-do-Liste (siehe Kapitel 1) entsprechend ergänzen und überzogenen Perfektionismus damit schrittweise aus deinem Alltag verbannen.

TO-DO

Identifiziere drei Aufgaben, die du zu perfektionistisch ausführst, und beschließe, dich ab sofort auf die wesentlichen Elemente zu beschränken!

PLANLOSES HANDELN

Erinnerst du dich an die 10/90-Regel aus Kapitel 5? Diese Regel besagt: Durch die ersten 10 Prozent der Zeit, die du für deine Planung aufwendest, sparst du ganze 90 Prozent der Zeit, die du brauchst, um die geplante Aufgabe zu erledigen. Das heißt, wenn du ein wenig Zeit in deine Planung investierst, sparst du 90 Prozent bei der eigentlichen Arbeit, weil du strategisch handelst und deine Zeit klug einteilst. Dementsprechend gilt auch das Gegenteil: Wenn du planlos agierst und deine Aktivitäten nicht organisierst, kannst du auch nicht effizient arbeiten und wirst in der Folge Zeit verlieren. Viel Zeit sogar. Planloses Handeln ist daher einer der gefährlichsten Zeitkiller im privaten wie auch im beruflichen Umfeld.

Mithilfe eines Plans kannst du deine Ziele klar verfolgen. Du überlegst dir – bevor du mit der Arbeit beginnst – eine Strategie und bestimmst den Weg. Startest du hingegen planlos, wird deine Produktivität schon nach kurzer Zeit nachlassen. Du machst Fehler, verläufst dich und musst Umwege in Kauf nehmen:

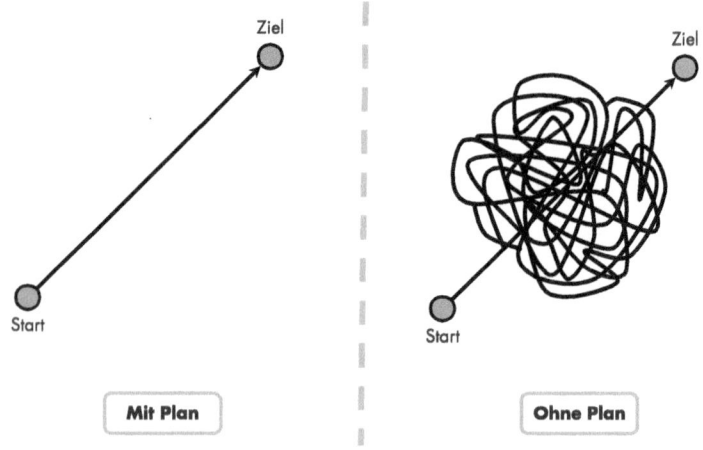

Aus diesem Grund solltest du es vermeiden, große Aufgaben und komplexe Tätigkeiten ohne Plan anzugehen. Selbst wenn du dein Handeln nur grob skizzierst, werden die positiven Effekte großen Einfluss auf deine Arbeitsweise haben. Pläne öffnen dir die Augen. Sie reduzieren Stress, vervielfachen deine Produktivität und sorgen nebenbei für deutlich bessere Ergebnisse.

Bei kleinen Aufgaben, deren Umsetzung nur wenig Zeit erfordert, musst du hingegen abwägen, ob der Planungsaufwand gerechtfertigt ist. Dabei kannst du dich an der Zwei-Minuten-Regel des amerikanischen Zeitmanagementgurus David Allen orientieren: [18]

> »Wenn du eine Aufgabe innerhalb von zwei Minuten erledigen kannst, führe sie direkt durch. Dauert die Bearbeitung länger als zwei Minuten, schreibe die Aufgabe auf deine To-do-Liste und beschäftige dich später damit.«

Oder konkret: Kannst du die E-Mail in zwei Minuten lesen, verstehen, bearbeiten und ablegen – erledige es jetzt sofort. Glaubst du hingegen, dass es länger dauert, planst du diese Aufgabe und kümmerst dich erst zu gegebener Zeit um sie. Diese Regel ist einfach in der Anwendung, fördert eine produktive Arbeitsweise und schützt deine To-do-Liste vor Überfrachtung. Am Anfang wirkt die Zwei-Minuten-Regel sehr restriktiv – doch das ist sie gar nicht. Du kannst das Zeitfenster von zwei Minuten vielmehr als Richtwert verstehen und je nach Situation die Schwelle auf 5, 10 oder 15 Minuten erhöhen. Achte nur darauf, dass du die Zeitfenster so wählst, dass du produktiv und effizient bleibst.

TO-DO

Vermeide planloses Handeln und organisiere deine Aufgaben! Wende für kleinere Aktivitäten die Zwei–Minuten–Regel an!

MIND WANDERING

Unsere Konzentrationsfähigkeit ist Schwankungen unterworfen. Es gibt Phasen, in denen es uns leichtfällt, fokussiert zu arbeiten, und wir durchleben Tagesabschnitte, in denen uns eine einfache E-Mail überfordert. Dieser Zustand der Unkonzentriertheit tritt häufig ein, weil wir uns mit mehreren Dingen gleichzeitig beschäftigen. Diese Form des Multitaskings zeigt sich jedoch nicht nur in unserem Handeln, sondern auch in unseren Gedanken. Wenn wir parallel an ein neues Projekt, das nächste Meeting oder unser Abendessen denken, ist es unmöglich, den Fokus auf die E-Mail zu richten. Unser Gehirn ist dann nicht bei der Sache, unser Geist ist zerstreut. Aktuelle Studien bestätigen, dass dies der Grundzustand unseres Gehirns ist. Anstelle von gebündelter Konzentration schweifen unsere Gedanken automatisch ab. Wir befinden uns ganz natürlich in einem Zustand der geteilten Aufmerksamkeit, in dem sich unser Geist zwischen verschiedenen Dingen hin und her bewegt.

Diese Default-Einstellung unseres Denkapparats ist evolutionsbedingt. Unsere frühmenschlichen Vorfahren mussten in der Wildnis ständig nach Gefahren oder Beute Ausschau halten. Jeder Reiz, jede neue Information konnte über Leben oder Tod entscheiden und musste daher sofort aufgenommen werden. Diese wilden Zeiten sind zwar längst vorbei, die automatische Suchfunktion unseres Gehirns ist jedoch geblieben. Und so scannt unser Geist fleißig weiter die Umwelt nach neuen Einflüssen ab, während wir krampfhaft versuchen, den Fokus auf unsere wichtigsten Aufgaben zu richten. Im Fachjargon wird dieses Phänomen als »Mind Wandering« bezeichnet – als wandernder Geist, von einem Reiz zum nächsten.[19] Konkret heißt das: Sobald deine aktuelle Aktivität nicht mehr interessant genug ist oder eine neue Information von außen an dich herantritt, stoppt dein Gehirn seine momentane Tätigkeit und schweift ab. Der Neurowissenschaftler Thomas Metzinger schätzt, dass sich der moderne Mensch circa zwei Drittel des Tages in diesem torkelnden Zustand befindet.[20] Zwei. Drittel. Des. Tages. Mind Wandering springt damit auf eine Spitzenposition der größten Zeitkiller in unserer Informationsgesellschaft, denn: Ohne Fokus ist eine effiziente Arbeitsweise unmöglich. Und damit bleibst du im besten Fall beschäftigt, wirst aber niemals produktiv.[21]

Drei Maßnahmen können dir dabei helfen, Mind Wandering in den Griff zu bekommen. Im ersten Schritt musst du diesen Zustand akzeptieren und dir klarmachen, dass die Natur es so will. Es liegt nicht zwingend an deiner Einstellung oder Persönlichkeit, dass du häufig abgelenkt bist. Zweitens solltest du regelmäßige Kontrollen in deine Arbeitsabläufe einbauen, um deinen wandernden Geist zurückzuholen. Eine Push-Benachrichtigung alle 30 Minuten mit der Frage »Bist du noch richtig bei der Sache?« kann schon ausreichen, um unproduktive Gedankengänge zu unterbrechen. Das dritte Mittel gegen Mind Wandering ist die sogenannte Side-List. Dazu notierst du abschweifende Gedanken oder Ideen auf einer separaten Liste, setzt deine Arbeit fokussiert fort und kümmerst dich erst im Anschluss um diese Impulse. Durch das Aufschreiben beruhigst du deinen Geist und verhinderst, dass er den neuen Reizen sofort nachgeht.

TO-DO

Finde typische Situationen in deinem Alltag, in denen du von Mind Wandering betroffen bist! Setze das nächste Mal, wenn dein Geist wandert, eine Side–List ein, um deinen Fokus zurückzugewinnen!

NEWS

Die Bundeskanzlerin empfängt den amerikanischen Präsidenten, in Bangladesch gab es ein Erdbeben, Bayern München gewinnt in der Champions League gegen Inter Mailand, die Ergebnisse der Landtagswahl in Schleswig-Holstein liegen vor, in Duisburg wurde die 42. Schnitzelkönigin gekürt, die traurige Geschichte hinter dem neuen Song von Helene Fischer, aktuelle Trends für die kalte Jahreszeit, ein ehemaliger Bundespräsident meldet sich zu Wort, eine neue Wendung im Nahostkonflikt, der DAX schließt mit 1,35 Punkten im Minus. Ein Konzern verkündet die Quartalszahlen, die Arbeitslosenquote sinkt leicht im Vergleich zum Vorjahr, Lothar Matthäus hat eine neue Freundin. Willkommen im täglichen News-Wahnsinn.

News, Nachrichten oder wie auch immer Neuigkeiten aus aller Welt genannt werden, sind allgegenwärtig. Über den Fernseher, das Radio, die Zeitung oder das Internet werden wir rund um die Uhr mit den neuesten Informationen zu einer schier endlosen Zahl von Themen versorgt. Von der Wahl des Gemeinderats einer 200-Seelen-Gemeinde im Allgäu bis zur Entscheidung der G7 am anderen Ende der Welt bleibt uns nichts mehr verborgen. Wir sind bestens informiert und wissen doch so wenig. Warum? Weil die verknappten Nachrichtenschnipsel keinen nachhaltigen Nutzen mit sich bringen. Sie befriedigen unsere Neugierde und sorgen bestenfalls dafür, dass wir kurzzeitig das befriedigende Gefühl haben, auf dem aktuellen Stand der Dinge zu sein. Fünf Minuten später haben wir einen Großteil der appetitlichen Geschichten schon wieder vergessen. Kurzer Test: An welche der 13 »News« von oben kannst du dich noch erinnern? Und waren diese Informationen wirklich wichtig für dich und dein Lebensglück? Der Bestsellerautor Rolf Dobelli findet die treffende Beschreibung: »News sind für den Geist, was Zucker für den Körper ist.«[22] News sind kleine Häppchen der Wirklichkeit, massenwirksam verpackt, ohne inhaltliche Tiefe. Sie vernebeln deinen Geist und machen dich unglücklich. Wäre das allein nicht schlimm genug, kostet dich der News-Konsum lächerlich viel Zeit. Dobelli rechnet vor: Ohne News sparst du im Schnitt einen Monat pro Jahr. Einen ganzen Monat, den du stattdessen mit deiner Familie, Freunden und der Erfüllung deiner Träume verbringen könntest. Wie kommt dieser immense Zeitaufwand zustande?

News verschwenden deine Zeit auf drei Wegen. Zunächst entstehen zeitliche Einschaltkosten. Darunter fällt die Zeit, in der die Nachrichten gelesen, gehört oder angesehen werden. Hinzu kommen die Umschaltkosten – dies ist die Zeit, die es dich kostet, bis du von den News zu deiner tatsächlichen Aufgabe zurückgekehrt bist und konzentriert weiterarbeiten kannst (vergleiche dazu auch den Sägeblatteffekt, Kapitel 6). Abgerundet wird das Konzentrationsmassaker von den Abschaltkosten: Nachdem du deinen News-Konsum beendet hast, wirken die neuen Informationen in deinem Gehirn nach. Sie beschäftigen dich. In dieser Zeit kannst du dich nicht zu 100 Prozent auf deine Aufgabe fokussieren und arbeitest deswegen ineffizient auf einem geringeren Leistungsniveau.[23]

Gegen diese maßlose Zeitverschwendung hilft nur ein radikaler Schritt: eine konsequente News-Diät. Verzichte von nun an auf schnelle Nachrichten zwischendurch. Unterbrich deine Arbeit nicht für irgendwelche C-Promis. Du kannst ruhig weiter Zeitung lesen und dir die Tagesschau ansehen – aber nur einmal am Tag.

TO-DO

Überprüfe deinen News–Konsum und bilanziere, wie viel Zeit du mit diesen Nachrichten verbringst! Nachdem du dich vom ersten Schock erholt hast, starte unverzüglich mit einer radikalen News–Diät!

ABLAGE C

Wenn es im Berufsleben oder am heimischen Schreibtisch richtig losgeht, verwandelt sich der Arbeitsplatz häufig in ein Schlachtfeld: hier ein paar lose Blätter, dort ein Post-it und zwischendrin einige Notizen auf der Rückseite eines Werbeflyers der Sparkasse. Auf digitaler Ebene sieht es ähnlich aus. Eingehende E-Mails werden weder markiert noch aus dem Posteingang entfernt; neue Dateien werden treffsicher mit »aaaaa« oder »aaaaa1« benannt und anschließend ohne System auf dem Desktop abgelegt – direkt neben »Neuer Ordner (6)«. Wenn jetzt noch das Chatprogramm und der Fotoordner deines Smartphones mitmischen, ist sie perfekt: deine Ablage C – wobei das C für »Chaos« steht.

Auch wenn ein unaufgeräumter Schreibtisch charmant wirken mag – am Ende kostet dich dieser Umstand Zeit. Zu einer effizienten Arbeitsweise gehört, dass du deine Rahmenbedingungen kontrollierst und eine Arbeitsatmosphäre schaffst, in der du produktiv handeln kannst. Es gibt nicht viel Schlimmeres, als durch organisatorische Fehler aus einer Konzentrationsphase herausgerissen zu werden. Unterbrechungen durch ein schlechtes Ablagesystem sind zudem leicht vermeidbar, und zwar ohne große Vorbereitung. Fang am besten damit an, deinen Schreibtisch aufzuräumen, sodass nur noch deine aktuell wichtigste Aufgabe vor dir liegt. Besorg dir dann alle Informationen, Berichte, Papiere und Arbeitsmaterialien, die du brauchst, um die Aufgabe abzuschließen. Leg alles griffbereit hin, damit du es zur Hand hast, ohne aufstehen zu müssen. Auch wenn nur ein echtes Genie das Chaos durchblickt: Um ein Genie zu werden, benötigst du erst einmal Struktur und klare Gedanken – und die entstehen nicht auf einem zugemüllten Schreibtisch, sondern in einer ordentlichen Umgebung.

Nun konkret zu deinem Ablagesystem: Für die Archivierung deiner physischen Unterlagen kannst du problemlos auf klassische Standardlösungen zurückgreifen und für jedes Projekt (oder jedes Ziel, das es verdient) einen eigenen Aktenordner anlegen. Innerhalb des Ordners kannst du dann mit Trennblättern oder Post-its für eine Gliederung sorgen. Arbeite auch hier mit deinen Unterkategorien und verwende lieber einen Ordner zu viel als zu wenig. Außerdem ist es hilfreich, wenn du deine Ordner nicht nur von außen beschriftest, sondern auch im Innenteil mit einer kleinen Übersicht für Orientierung sorgst. Damit ersparst du dir später das Suchen.

Zudem kann es sich lohnen, wichtige Dokumente zu scannen und zusätzlich elektronisch abzulegen. Dadurch hast du den großen Vorteil, dass du deine Unterlagen viel schneller wiederfindest, wenn du im Dateinamen die richtigen Suchbegriffe hinterlegst. Diese Benennungsstrategie solltest du übrigens auf alle Dateien anwenden, mit denen du arbeitest.

Auf deinem Computer solltest du ebenfalls mit einem Ordnersystem arbeiten, welches an deine Bedürfnisse angepasst ist. Verzichte hingegen auf eine Sammlung verschiedener Speichermedien (etwa 37 verschiedene USB-Sticks) und versuche stattdessen, alles auf einem Datenträger abzulegen.

TO-DO

Beseitige das Chaos auf deinem Schreibtisch und deinem Computer, indem du dir ein effizientes Ablagesystem zulegst!

ZUSAMMENFASSUNG

In diesem Kapitel hast du gelernt, welche fünf Zeitkiller am gefährlichsten sind und wie du ihnen begegnen kannst. Zudem hast du unterschiedliche Maßnahmen kennengelernt, mit denen du im Alltag Zeit sparen und deine neu gewonnene Produktivität bewahren kannst:

- Einige deiner täglichen Aktivitäten können als Profizeitkiller bezeichnet werden, weil sie deine Produktivität töten und dich damit viel Zeit kosten.

- Perfektionismus zählt zu den größten Zeitkillern überhaupt und ist in einer übersteigerten Form schädlich für viele Bereiche deines Lebens.

- Mit dem Leitsatz »Es darf nicht immer perfekt sein!« kannst du perfektionistische Glaubenssätze in den Griff bekommen.

- Planloses Handeln ist Zeitverschwendung und sorgt dafür, dass du deine Aufgaben ineffizient ausführst.

- Die Zwei-Minuten-Regel besagt, dass du eine Aufgabe sofort ausführen solltest, wenn diese innerhalb von zwei Minuten erledigt werden kann.

- Mind Wandering beschreibt einen zerstreuten Geist, der von einem Reiz zum nächsten wandert und damit konzentriertes Arbeiten unmöglich macht.

- Der maßlose Konsum von News kostet dich viel Zeit und macht dich unglücklich; eine News-Diät ist ein radikales Gegenmittel.

- Eine chaotische Ablage verhindert eine produktive Arbeitsatmosphäre und schwächt deine Konzentration. Leg dir daher ein effizientes Ablagesystem zu.

KAPITEL 8

NEIN

EINLEITUNG

Neben den Profizeitkillern aus Kapitel 7 treibt sich noch ein weiterer Superschurke herum, der eine beispiellose Bedrohung für unsere Zeit darstellt. Dabei handelt es sich um ein winziges Wort, bestehend aus nur zwei Buchstaben: ja. Durch zu häufiges Ja-Sagen (entweder zu dummen Beschäftigungen oder zu den Anliegen anderer Menschen) verschleudern wir täglich haufenweise Zeit. Zeit, die uns zur Erledigung unserer wichtigen Aufgaben fehlt. Zeit, die wir an anderer Stelle abknapsen müssen (und nicht zur Entspannung nutzen können). Zeit, die wir niemals zurückbekommen. Das Wort »ja« ist eine zeitliche Massenvernichtungswaffe.

Kurze Übung: Du sitzt in deinem Büro und bist in die Arbeit vertieft. Es klopft an der Tür; eine Kollegin tritt ein: »Entschuldige bitte die Störung. Ich habe dir gerade eine E-Mail geschickt. Könntest du sie dir kurz ansehen? Es dauert auch nur fünf Minuten.« Kommst du der Bitte deiner Kollegin nach? Anderes Beispiel: Du befindest dich in einem Meeting. Dein Vorgesetzter stellt ein neues Projekt vor und fragt, ob du der entsprechenden Arbeitsgruppe beitreten möchtest. Die Aufgabe sei »interessant« und würde »nicht viel Zeit« in Anspruch nehmen. Wie reagierst du? Szenenwechsel: Du sitzt gemütlich auf der Couch – Arm in Arm mit deinem Partner oder deiner Partnerin. Ohne Vorwarnung gerätst du in eine brenzlige Situation: »Duuu, Schatz? Kommst du in zwei Wochen mit auf die Geburtstagsfeier von Kathrin? Das wird bestimmt lustig.« Bist du dabei?

Fast täglich werden wir um kleine Gefallen gebeten. Wie oft kommt es vor, dass du spontan zusagst? Wie häufig lehnst du ab? Und in welchen Fällen hast du deine Entscheidung später bereut? Die Standardantwort der meisten Menschen auf eine »kleine« Bitte lautet »ja«. Wir lehnen nicht ab, weil wir höflich sein möchten und unser Gegenüber nicht vor den Kopf stoßen wollen. Außerdem wissen wir nie, ob wir nicht irgendwann einmal auf fremde Hilfe angewiesen sein werden. Das Problem ist nur: In der Gesamtheit ist der Zeitaufwand deutlich größer, als wir glauben wollen. Ständiges Zustimmen raubt uns die Kontrolle über unsere Zeit und macht uns zudem unglücklich.

Zum Glück hat das Ja einen mächtigen Gegenspieler: nein. Nein-Sagen an sich ist nicht schwierig – doch ohne konkrete Strategien gelingt es uns im Alltag häufig nicht. Unsere etablierten Denkmuster und vorherrschende soziale Zwänge stehen uns im Weg. Obwohl wir Nein denken, sagen wir Ja. Im Nachhinein ärgern wir uns dann über uns selbst und nehmen die Zeitverschwendung als gerechte Strafe hin. Höchste Zeit, diesen Zustand zu ändern. Aus diesem Grund sehen wir uns in diesem Kapitel verschiedene Möglichkeiten an, wie du geschickter Nein sagen kannst. Und zwar, ohne danach ein schlechtes Gewissen zu haben.

ÜBERBLICK

In diesem Kapitel lernst du,

- was es dich kostet, wenn du zu häufig Ja sagst.
- wie du ein Nein geschickt verhandeln kannst.
- warum du dein Nein begründen solltest.
- wie du radikal Nein sagen kannst.
- wie du schnell Nein sagen kannst.

JA-KOSTEN

Jedes Mal, wenn du auf die Bitte eines anderen Menschen ein-
gehst oder zu einer außerplanmäßigen Aufgabe Ja sagst, triffst du
damit eine Entscheidung gegen dich selbst. Du opferst deine Zeit
für eine andere Person. Grundsätzlich kannst du das so machen
und manchmal ist es sogar nötig. Du musst dir darüber nur im
Klaren sein. Das Konzept der Ja-Kosten kann dir die Auswirkungen
einer Zusage vor Augen führen und verdeutlicht, welcher Aufwand
insgesamt für dich entsteht, wenn du nicht konsequent Nein sagst.
Das Vorgehen ist ähnlich wie bei den Busy Costs aus Kapitel 1, unterscheidet sich jedoch hinsichtlich der Folgewirkungen. Bleiben
wir dazu bei dem Beispiel aus der Einleitung: Eine Kollegin bittet
dich um Mithilfe bei einer Aufgabe und fragt, ob du dafür fünf Minuten Zeit hast. Falls du zusagst, wirst du Zeit verlieren – und zwar
in vielerlei Hinsicht.

Erstens wird dein Einsatz keine fünf Minuten dauern. Wenn du
mit einem neuen Problem konfrontiert wirst, musst du dich einle-
sen, nachdenken und mögliche Rückfragen klären. Allein für den
Aufwand, bis du den kompletten Sachverhalt mit sämtlichen Hin-
tergrundinformationen verstanden hast, sind fünf Minuten sehr optimistisch geschätzt. Danach musst du die Aufgabe noch bearbeiten
und deiner Kollegin den Lösungsweg skizzieren. Deshalb nimmt
eine Bitte anderer Personen fast immer mehr Zeit in Anspruch als
zunächst angenommen. Gehen wir daher realistischerweise von
einer Dauer von 15 Minuten aus. Dies ist die Zeit, die du allein für
deine Hilfestellung aufwendest.

Doch damit nicht genug. Nachdem deine Kollegin glücklich wei-
tergezogen ist, möchtest du deine eigentliche Arbeit fortsetzen. Also
musst du deine Unterlagen neu organisieren, die Stelle finden, an
der du aufgehört hast, und mental umschalten. Du musst deinen
Fokus wiederfinden. Bis dahin ist deine Leistungsfähigkeit deutlich

geringer als zu dem Zeitpunkt, an dem du unterbrochen wurdest. Der Sägeblatteffekt aus Kapitel 6 setzt ein und verhindert, dass du produktiv weiterarbeiten kannst. Konservativ geschätzt, gehen weitere fünf Minuten deiner Zeit verloren, bis du dein ursprüngliches Leistungsniveau wieder erreicht hast. Damit betragen die Ja-Kosten bisher 20 Minuten.

Das Schlimmste kommt aber noch: Weil du deiner Kollegin so umfassend geholfen hast, wird sie beim nächsten Problem wiederkommen. Selbst wenn sie gar keinen triftigen Grund hat oder nur sichergehen möchte, wird sie dich befragen, weil du nützlich für sie warst. Du musst also auch die Folgekosten deiner Zusage berücksichtigen. Angenommen, deine Kollegin hat einmal pro Woche eine »kleine« Frage an dich. Daraus ergeben sich Ja-Kosten von:

- 80 Minuten pro Monat (4 × 20 Minuten)
- 960 Minuten pro Jahr (12 × 4 × 20 Minuten)

960 Minuten entsprechen 16 Stunden. Ein hoher Preis für »fünf Minuten«, findest du nicht auch? Sollten sich nun mehrere Personen aus deinem Kollegium dazu entscheiden, deinen Rat einzuholen, explodieren die Ja-Kosten. Durch dein erstes Ja hast du die Tür für weitere Unterbrechungen weit aufgestoßen. Und die bezahlst du nicht nur mit Zeit, sondern letztendlich mit Geld und emotionaler Freiheit. Werde dir darüber bewusst und betrachte bei deiner nächsten Zusage die möglichen Folgewirkungen.

TO-DO

Berechne die Ja–Kosten zu drei typischen Situationen, in denen du zu häufig Ja sagst!

NO DEALS

Die Betrachtung der Ja-Kosten hilft dir zwar bei der grundsätzlichen Entscheidung, ob du in einer bestimmten Situation Ja oder Nein sagen solltest – für den praktischen Einsatz ist dieses Konzept jedoch viel zu träge. Außerdem ist eine Kostenrechnung in manchen Situationen schwierig oder schlichtweg nicht angebracht. Wenn deine Chefin zum Beispiel mit einer neuen Aufgabe auf dich zukommt, solltest du ihr nicht vorrechnen, was dich ihre Idee kosten würde. Oder falls dich ein Freund um Hilfe bei seinem Umzug bittet, ist es schwierig, die entsprechenden Folgekosten zu bestimmen. Für solche Fälle gibt es eine bessere Strategie, mit deren Einsatz du fast jede Bitte ausschlagen kannst – ohne dabei überhaupt Nein sagen zu müssen. Ich nenne dieses Prinzip »No Deals«.

Dieser Ansatz beruht darauf, dass du die vorgetragenen Anliegen anderer Personen relativierst und anschließend verhandelst. Dabei weist du auf deine begrenzte Zeit hin und führst auf, was ein Ja deinerseits zur Folge hätte. Dann wartest du die Reaktion ab, sagst die Bitte entweder ab oder schlägst eine Kompromisslösung vor. Das klingt zunächst kompliziert, ist aber sehr einfach. Bleiben wir bei dem Beispiel von oben. Deine Chefin steht plötzlich in der Tür und hat eine kleine Überraschung für dich:

> »Dieser Brief kam gerade per Post. Können Sie sich bitte darum kümmern und die Aufgabe bis morgen erledigen?«

Standardmäßig würdest du mit Ja antworten und deine restliche Tagesplanung damit zerstören. Geschickter wäre folgendes Vorgehen:

> »Kein Problem, dann kann ich nur leider nicht die Statistiken bearbeiten, die Sie bis morgen brauchen. Dafür reicht die Zeit heute nicht mehr aus.«

Allein der Hinweis auf deine limitierten Ressourcen und eine wichtige Konkurrenzaufgabe führt dazu, dass deine Chefin über ihren Vorstoß nachdenken muss. Prinzipiell stehen ihr jetzt drei Möglichkeiten zur Verfügung:

- Option 1: Bitte zurückziehen (»Stimmt, Sie haben recht. Dann macht das jemand anderes.«)
- Option 2: Prioritäten neu ordnen (»Stimmt, aber diese Aufgabe ist wichtiger. Verschieben Sie die Statistiken auf später.«)
- Option 3: Trotzreaktion (»Wollen Sie mich auf den Arm nehmen? Dann machen Sie halt Überstunden!«)

Die letzte Handlungsoption ist möglich, aber unwahrscheinlich. Nur in Ausnahmefällen wird deine vorgesetzte Person auf diese Weise reagieren. In den beiden anderen Fällen hast du deine Zeit verteidigt und dabei nicht einmal direkt Nein gesagt. Im privaten Umfeld funktioniert diese Strategie noch besser. Zum Beispiel bei dem Freund, den du beim Umzug unterstützen sollst:

»Kannst du mir am Samstag beim Umzug helfen?«

Anstatt Ja zu sagen und es augenblicklich zu bereuen, könntest du folgenden Kompromiss vorschlagen:

»Das würde ich gerne, allerdings wollte ich an diesem Tag den Garten aufräumen. Kannst du mir vielleicht kommende Woche dabei helfen? Dann könnte ich dich am Samstag unterstützen.«

TO-DO
Bereite gedanklich fünf Situationen vor, in denen du mit einem No Deal deine Zeit beschützen kannst!

ZAUBERWORT

Solltest du in eine Situation geraten, in der sich entweder keine Verhandlung lohnt oder ein Kompromiss unrealistisch scheint, kommst du um ein Nein nicht herum. In diesem Fall kannst du deine Ablehnung mit einem wirkungsvollen Zusatz ausstatten, der für deutlich mehr Verständnis bei deinen Mitmenschen sorgen wird. Entscheidend ist ein Wort, welches auf dein Nein folgt: weil. Sobald du deine Entscheidung begründest, wird sie im Allgemeinen eher akzeptiert und bereitwillig angenommen. Menschen lieben es, einen Grund für ihr Handeln zu haben. Selbst dann, wenn dieser Grund kaum von Belang oder gar fiktiv ist. Zu diesem Phänomen führte die Harvard-Professorin Ellen Langer ein interessantes Experiment durch.[24] Um zu untersuchen, welchen Einfluss Begründungen auf die menschliche Psyche haben, wurden Probanden gebeten, eine Schlange vor einem Kopierer zu bilden und zu warten, bis sie an der Reihe waren. Anschließend stieß ein wissenschaftlicher Mitarbeiter dazu, der verschiedenen Testgruppen folgende Fragen stellte:

- Version 1 (ohne Begründung): »Entschuldigung, ich habe nur fünf Seiten. Kann ich bitte vor?«
- Version 2 (mit echter Begründung): »Entschuldigung, ich habe nur fünf Seiten. Kann ich bitte vor, weil ich es eilig habe?«
- Version 3 (mit Fake-Begründung): »Entschuldigung, ich habe nur fünf Seiten. Kann ich bitte vor, weil ich kopieren möchte?«

Das Ziel des Forschers bestand darin, eher an den Kopierer zu gelangen. Dazu stellte er eine höfliche Frage und versah sie in einem Fall mit einer sinnvollen Begründung und alternativ dazu mit einer scheinbaren, aber inhaltslosen (Fake-)Begründung. Die Ergebnisse dieser Befragung waren erstaunlich. Sobald die Frage eine Begründung mitlieferte, stieg die Erfolgswahrscheinlichkeit deutlich an.

Dabei spielte es kaum eine Rolle, ob diese Begründung echt war oder nicht:

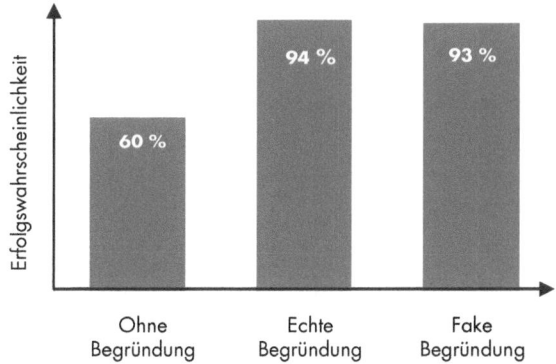

Was bedeutet das für dich? Wenn du die Bitte einer anderen Person ablehnst, dann begründe deine Entscheidung – egal wie. Auf diese Weise erhöhst du die Akzeptanz deines Neins und gibst deinen Mitmenschen eine Steilvorlage, deine Absage anzunehmen. Das könntest du zum Beispiel so anstellen:

- »Ich kann dir jetzt leider nicht helfen, weil ich im Moment konzentriert arbeite.«
- »Ich kann die Aufgabe nicht zusätzlich übernehmen, weil sonst die Qualität meiner Arbeit leidet.«
- »Ich kann nicht zu deiner Party kommen, weil ich am nächsten Tag arbeiten muss und früh aufstehen möchte.«

TO-DO

Leg dir zehn Begründungen zurecht, mit deren Hilfe du häufige Bitten ablehnen kannst – und lerne sie auswendig!

AUF JEDEN FALL
ODER GAR NICHT

Nein-Sagen ist nichts für Feiglinge. Es ist ein mutiger Akt der Selbstbeherrschung und erfordert bei einem ausgeprägten Verantwortungsbewusstsein eine gewisse Überwindungskraft. Besonders hinderlich ist dabei der Abwägungsprozess: Soll ich Ja oder Nein sagen? Was wären die Konsequenzen? Was könnte im schlimmsten Fall passieren? Was denken die anderen dann über mich? Und so weiter.

All diese Überlegungen zehren an deinen mentalen Kräften, verlangsamen deine Entscheidungsfindung und kosten dich Zeit. Die »Auf-jeden-Fall-oder-gar-nicht-Philosophie« des Unternehmers und Schriftstellers Derek Sivers kann dir in solchen Momenten als Faustregel dienen und dabei helfen, radikale Entscheidungen zu treffen, die dir langfristig guttun.[25] Die Regel lautet:

> Wenn du zu etwas nicht »Auf jeden Fall!« sagen kannst, dann entscheide dich dagegen und sage »Nein!«.

Dieser Grundsatz ist einfach und besonders dann hilfreich, wenn du die Wahl zwischen vielen unterschiedlichen Handlungsoptionen hast. Die Auf-jeden-Fall-oder-gar-nicht-Philosophie verhindert, dass du zu oft Ja sagst und damit Zeit für Tätigkeiten aufwendest, die dich nicht zu 100 Prozent interessieren. Deine Zeit ist zu kostbar, um sie mit halbherzigen Aktionen zu verplempern. Wenn du hingegen zu allem, was dich nicht begeistert, standardmäßig Nein sagst, kannst du dich mit ganzer Energie den Dingen widmen, für die du wirklich brennst. Du schaffst wertvolle Freiräume in deinem Leben, wenn du Nebensächlichkeiten systematisch aussperrst und stattdessen deine Prioritäten in den Fokus rückst. Nur so bleibt dein Terminplan unter deiner Kontrolle und verkommt nicht zu einer Liste von Terminen anderer. Das gilt im Privaten, aber auch im Berufsleben.

Für deinen beruflichen Erfolg ist es von großer Bedeutung, dass du deine Zeit effizient einsetzt. Zu Beginn einer Karriere kann es sinnvoll sein, zu vielen Experimenten Ja zu sagen. Doch schon hier muss eine kluge Priorisierung stattfinden, damit sich langfristig ein Profil herausbilden kann. Sobald du dich jedoch auf einer höheren Stelle im Organigramm wiederfindest, schadet es deiner Entwicklung nicht mehr, auf die eine oder andere Chance zu verzichten. Ganz im Gegenteil: Wenn du in einer Führungsposition jedes Angebot annimmst, wirst du irgendwann in den ganzen »coolen« Projekten ertrinken. Dir bleibt dann nicht einmal genug Zeit und Kraft für die Erledigung deiner wichtigsten Kernaufgaben. Der Bestsellerautor und Start-up-Investor Timothy Ferriss kennt diese Entwicklung: »Ich muss aufhören, den Keim für meine Selbstzerstörung zu legen« lautet sein bemerkenswert selbstkritisches Urteil.[26] Wir sollten es ihm gleichtun.

Bevor du dich das nächste Mal fahrlässig für ein neues Projekt entscheidest, eine Geschäftsreise in die Mongolei zusagst oder die Geburtstagseinladung deiner nervigen Hippietante annimmst, solltest du kurz innehalten: Ist deine ehrliche Antwort »Auf jeden Fall!« oder eher »Na gut, ist bestimmt nicht so schlimm«? Sollte der zweite Fall zutreffen, wäre es auf jeden Fall ein mutiger und richtiger Schritt, mit Nein zu antworten.

TO-DO

Mach dir die Auf–jeden–Fall–oder–gar–nicht–Philosophie zu eigen und triff deine zukünftigen Entscheidungen radikaler als bisher!

FÜNF-SEKUNDEN-NEIN

Der Drang, auf eine an uns herangetragene Bitte mit Ja zu antworten, ist tief in uns verankert. Der Grund dafür ist das Gesetz der Reziprozität – auch »Gegenseitigkeitsprinzip« genannt: Sobald wir die Bitte einer anderen Person erfüllen, können wir davon ausgehen, dass uns beim nächsten Mal ebenfalls geholfen wird. Das genaue Gegenteil kann ebenfalls eintreten und lässt sich mit dem bekannten Spruch zusammenfassen: »Wie du mir, so ich dir!« Dieser wechselseitige Mechanismus ist evolutionsbedingt und hat seinen Ursprung bei unseren frühmenschlichen Vorfahren. Der Urzeitmensch teilte einst seine Beute mit dem Stammeskollegen, weil er davon ausgehen konnte, dass dieser das nächste Mal seine Beute mit ihm teilen würde. Alle, die anders handelten und nicht teilten, starben aus. Erst durch die Fähigkeit der Kooperation ist es den Menschen gelungen, in effizienten Gruppen zu leben und so etwas wie eine Arbeitsteilung zu organisieren.

Das Gesetz der Reziprozität ist in unserem modernen Leben allgegenwärtig. Doch bei allen positiven Effekten birgt es eine große Gefahr: Jede Handlung, die auf dem Gegenseitigkeitsprinzip beruht, beginnt mit einem Vertrauensvorschuss. Wir erfüllen das Anliegen eines Bittstellers, ohne zu wissen, ob wir tatsächlich eine adäquate Gegenleistung erhalten werden. Der Reflex, auf eine Frage mit Ja zu antworten, ist so stark ausgeprägt, dass wir in der Regel keine Abwägung vornehmen und spontan zustimmen. Dabei ist es genau dieses erste Ja, über das wir uns im Nachhinein häufig ärgern. Wir realisieren erst viel zu spät, wie viel Zeit und Energie wir aufwenden müssen, um Wort zu halten – ein schwerwiegender Denkfehler, wie Rolf Dobelli in seinem Buch erläutert.[27]

Aus diesem Grund brauchst du eine Gegenstrategie, um deinem inneren Ja-Reflex etwas entgegenzusetzen. Einen pragmatischen

Vorschlag liefert der Milliardär Charles Munger: das Fünf-Sekunden-Nein.[28] Die Methode funktioniert wie folgt:

- Wenn du um einen Gefallen gebeten wirst, denkst du fünf Sekunden lang über den Vorschlag nach und triffst dann eine Entscheidung. Dabei ist deine Standardantwort ein Nein – und du weichst nur bei ausgesprochen guten Gründen davon ab.

Sinngemäß begründet Munger seine Idee so: »Sie bekommen im Leben selten ein hervorragendes Angebot. Also werden Sie kaum etwas verpassen, wenn Sie in 90 Prozent der Fälle Nein sagen.«[29] Das klingt logisch – doch es gibt noch eine Steigerung des Fünf-Sekunden-Neins, welche in besonders stressigen Zeiten nützlich für dich sein kann.

- Wenn du um einen Gefallen gebeten wirst, antwortest du sofort mit einem Nein. Dann denkst du fünf Sekunden lang über den Vorschlag nach und revidierst deine Entscheidung nur, falls dir in dieser Zeit bahnbrechend gute Gründe für ein Ja einfallen.

Egal in welcher Ausführung: Das Fünf-Sekunden-Nein ist ein einfaches Werkzeug, mit dessen Hilfe du deinen inneren Drang zum Ja-Sagen überwinden und ein schnelles Nein hervorbringen kannst. Es gibt kaum einen besseren Schutzmechanismus für die eigenen Prioritäten.

TO-DO

Wende das Fünf–Sekunden–Nein an und spiel in Gedanken zehn Situationen durch, in denen du schnell Nein sagst!

ZUSAMMENFASSUNG

In diesem Kapitel hast du gelernt, warum es dir im Alltag häufig schwerfällt, eine Bitte abzulehnen. Um dieses Verhaltensmuster zu ändern, hast du verschiedene Strategien kennengelernt, mit deren Einsatz du geschickter und erfolgreicher Nein sagen kannst:

- Durch zu häufiges Ja-Sagen verlierst du Zeit und machst dich abhängig von anderen Menschen.

- Die Ja-Kosten verdeutlichen die Auswirkungen einer Zusage und zeigen, welcher Aufwand insgesamt für dich entsteht, wenn du nicht konsequent Nein sagst.

- Der zeitliche Aufwand für ein Ja ist fast immer höher als zunächst angenommen und du bezahlst dafür letztendlich mit Geld und emotionaler Freiheit.

- Bei einem No Deal verhandelst du eine vorgetragene Bitte, indem du auf deine begrenzte Zeit hinweist und aufführst, welche Folgen ein Ja von deiner Seite hätte. Dann sagst du die Bitte entweder ab oder schlägst eine Kompromisslösung vor.

- Das Zauberwort beim Nein-Sagen lautet »weil«. Wenn du die Bitte einer anderen Person ablehnst, dann begründe deine Entscheidung – egal wie.

- Die Auf-jeden-Fall-oder-gar-nicht-Philosophie lautet: Wenn du zu etwas nicht »Auf jeden Fall!« sagen kannst, dann entscheide dich dagegen und sage »Nein!«.

- Das Fünf-Sekunden-Nein kannst du so einsetzen: Wenn du um einen Gefallen gebeten wirst, denkst du fünf Sekunden lang über den Vorschlag nach und triffst dann eine Entscheidung. Dabei ist deine Standardantwort ein Nein – und du weichst nur davon ab, wenn es ausgesprochen gute Gründe dafür gibt.

KAPITEL 9

ENTPROKRASTINATION

EINLEITUNG

Dein Plan steht, der Fokus ist eingestellt, alle Hindernisse sind aus dem Weg geräumt – jetzt musst du nur noch mit der Arbeit anfangen. Auf geht's! Wenn das nur so einfach wäre. Etwas Neues zu beginnen, ist leichter gesagt als getan und stellt uns regelmäßig vor große Probleme. Motivationsprobleme, um genau zu sein. So gut wie alle Menschen dieser Welt haben mit Startschwierigkeiten zu kämpfen. Der Fachbegriff dafür lautet »Prokrastination«, das Aufschieben wichtiger Aufgaben. Dieser innere Drang hindert uns daran, produktiv zu sein, und zerstört regelmäßig unsere Zeitpläne, weil wir viel zu lange brauchen, um in die Gänge zu kommen.

Besonders dann, wenn es um komplexe Aufgaben oder anspruchsvolle Herausforderungen geht, nehmen viele Menschen diese erste Hürde viel zu spät – oder gar nicht. Sie sind wahre Meister darin, Ausreden zu finden und Ablenkungen zu suchen, wenn ein ungemütlicher Punkt von der To-do-Liste an der Reihe ist: Schreibtisch aufräumen, anstatt den wichtigen Bericht zu schreiben; Recherchieren, anstatt den frechen Kunden zurückzurufen; Wohnung putzen, anstatt den Weiterbildungskurs zu absolvieren.

Du beschäftigst dich mit Nebensächlichkeiten und bist alles andere als produktiv. Aber das ist mit unserem Leitsatz *Busy is the new stupid* nicht vereinbar. Kurzfristig verschafft dir das Hinauszögern einer wichtigen Aufgabe zwar etwas Erleichterung. Langfristig setzt dich dieses Verhalten jedoch unter enormen Druck und reduziert die Qualität deiner späteren Ergebnisse.

Daher musst du einen Weg finden, wie du mit der Prokrastination umgehen kannst. Ziel dabei sollte es nicht sein, dass du deine Leichtigkeit verlierst und zu einer vollautomatischen Arbeitsmaschine mutierst – es reicht, wenn du deine Aufschieberitis bewusst wahrnimmst und dann kluge Gegenmaßnahmen einleitest. Sobald du verstanden hast, warum du tust, was du tust, wird es dir viel leichter fallen, diese Gewohnheiten zu ändern und nachhaltig bessere Entscheidungen zu treffen. Wie dir das gelingen kann und mit welchen Strategien du deine Entprokrastination einleiten kannst, lernst du in diesem Kapitel.

ÜBERBLICK

In diesem Kapitel lernst du,

- warum die Ursachen deiner Startschwierigkeiten häufig bei deinen Zielen und deinem Mindset zu finden sind.
- wie dich dein innerer Kritiker manipuliert und was du dagegen tun kannst.
- wie du dich mithilfe der Rubikon–Methode zum Anfangen zwingen kannst.
- warum fünf Minuten ausreichen, um deine Prokrastination zu überwinden.
- wie du die Aufschieberitis mit einem mentalen Schutzschild abwehren kannst.

MINDSET-CHECK

Das Prokrastinieren ist ein körpereigener Schutzmechanismus, der uns vor unangenehmen Aufgaben bewahren möchte. Doch leider sind es häufig genau diese Aufgaben, die uns im Leben weiterbringen. Wenn wir weiterkommen wollen, müssen wir uns diesen Situationen stellen, uns selbst überwinden und einfach loslegen. Ganz so einfach ist dieses Unterfangen jedoch nicht, denn um die Prokrastination zu besiegen, müssen wir in erster Linie einen Kampf gegen uns selbst führen. Allerdings geht es dabei nicht direkt ums Kämpfen, sondern vielmehr ums Verstehen. Das soll heißen: Wenn du verstehst, warum du wichtige Dinge aufschiebst und dich stattdessen ablenkst, wird es viel besser gelingen, Gegenmaßnahmen zu entwickeln.

Der erste und wichtigste Schritt besteht darin herauszufinden, wo genau das Problem liegt. Das kann etwas ganz Einfaches sein, wenn du zum Beispiel dringend eine kleine Pause machen (siehe Kapitel 6) oder etwas essen und trinken solltest. Es kann aber auch ein komplexeres Problem sein, wie zum Beispiel zu hohe Erwartungen an dich selbst. Aus diesem Grund solltest du bei großen Startschwierigkeiten einen Mindset-Check vornehmen und deine Gedanken analysieren. Häufig reicht es schon aus, wenn du dich fragst:

- Warum fällt mir die Arbeit so schwer?
- Was hält mich zurück?
- Was würde ich lieber tun?
- Warum würde ich das lieber tun?
- Wie könnte ich mir das Anfangen erleichtern?

Nimm dir einen Moment Zeit und finde heraus, warum du gerade prokrastinierst. Geh den Ursachen auf den Grund und denke über dich und deine Situation nach. Bei dieser Gelegenheit solltest du zudem einen kritischen Blick auf deine Vision (siehe Kapitel 2), deine Zielformulierungen (siehe Kapitel 3) und die Auswahl deiner Prioritäten (siehe Kapitel 4) werfen. Ist dein Global Picture motivierend genug? Identifizierst du dich mit deiner Zukunftsvision zu 100 Prozent? Oder blockieren dich deine Ziele, weil du möglicherweise die falschen Prioritäten gesetzt hast? Egal was es ist: Jetzt ist der beste Zeitpunkt, um eine Korrektur vorzunehmen, falls deine Arbeitsweise unter deiner aktuellen Strategie leidet.

Doch nicht nur die Ausrichtung deiner Gedanken kann dich blockieren. Häufig ist es der Prozess an sich, der deine Produktivität beeinträchtigt. Ein Beispiel dazu: Viele Menschen gehen nicht gerne zum Zahnarzt (ich beispielsweise). Nicht weil meine Zähne schlecht sind oder ich die Arzthelferin nicht mag – ganz im Gegenteil. Ich mag den Prozess nicht: das Warten, die Behandlung, das Zwei-Stunden-danach-nichts-Essen. Warum gehe ich trotzdem hin? Weil ich das Ergebnis mag. Mein Zahnarzt kümmert sich um meine Zähne und hält mein Zahnfleisch gesund. Das Ergebnis steht im Fokus. Und deswegen nehme ich den Prozess in Kauf.

Viele Aktivitäten lassen sich auf diese Weise beschreiben: nervige Arbeit, aber tolle Ergebnisse. Daher kann dir diese Betrachtungsweise dabei helfen, deine Prokrastination zu überwinden. Konzentriere dich auf das Ergebnis. Stell dir deinen Erfolg vor und nimm das Ende in den Fokus – nicht den Prozess. Und dann fang an.

TO-DO

Führe einen Mindset–Check durch und finde heraus, warum du prokrastinierst!

INNERER KRITIKER

Häufig sind es gar nicht deine Ziele, die dir im Weg stehen. Eigentlich hast du auch gar kein Motivationsproblem; du könntest sofort anfangen. Wäre da nicht diese Stimme in dir, die dir ständig sagt, wie schlecht deine eigene Leistung doch sei und wie viel du besser machen könntest. Es ist dein innerer Kritiker, der so laut schreit, dass du nicht in Schwung kommst. Er macht dir Angst davor, Fehler zu begehen. Angst davor, nicht gut genug zu sein und deinen eigenen Ansprüchen nicht zu genügen.

Tu dir einen Gefallen: Erwürge diesen Kritiker. Hör nicht auf ihn und ignoriere alle Einwände, die dagegensprechen, in genau diesem Moment mit der Arbeit loszulegen. Pack es einfach an, egal ob gut oder schlecht. Leg einfach los und arbeite. Du kannst später immer noch korrigieren, Fehler ausbessern oder kleine Schönheitskorrekturen vornehmen – am Anfang des Prozesses darf dich der Gedanke daran aber nicht aufhalten, denn es geht nur darum, dass du aktiv wirst.

Erinnerst du dich an den Profizeitkiller namens »Perfektionismus« aus Kapitel 7? Diese destruktive Eigenschaft steckt hinter deinem inneren Kritiker. Die beiden Störenfriede sind unzertrennlich miteinander verbunden und lieben es, dir mentale Steine in den Weg zu legen. Doch es ist deine Aufgabe, diesen Hindernissen auszuweichen und selbstbewusst voranzuschreiten. Denk an den Leitsatz »Es darf nicht immer perfekt sein!« und beherzige dieses Motiv besonders am Anfang deines Handelns. Gleiches gilt auf zeitlicher Ebene. Anstatt auf den perfekten Moment zu warten, ist es manchmal besser, einfach irgendwo zu beginnen. Mach dir nicht zu viele Gedanken über dein Vorgehen, sondern starte erst einmal und schau dann, was sich ergibt. Ansonsten plannst du deine Motivation irgendwann zu Tode und verlierst die tatsächliche Arbeit völlig aus dem Blick. Wenn du erst mal in Schwung gekommen bist und deine Startschwierigkeiten überwunden hast, kannst du problemlos in eine geordnete Struktur wechseln. Schnapp dir dazu einfach eine Aufgabe und beginne an einer beliebigen Stelle. Arbeite so lange weiter, bis du in deiner Arbeitsroutine angekommen bist. Vorher darfst du keine Sekunde über die Struktur nachdenken oder hinterfragen, ob dein Vorgehen optimal ist.

Besonders zu Beginn einer neuen Aufgabe stehen dir deine eigenen Gedanken im Weg. Natürlich ist es gut, dass du über die nächsten Schritte nachdenkst und überlegst, wie du am sinnvollsten vorgehen kannst, aber viele Schritte werden bei diesem Prozess regelrecht »kaputt gedacht«. Zu viele Gedanken können dich blockieren und lassen selbst die einfachste Handlung kompliziert wirken. Die Lösung für dieses Problem ist naheliegend: Schalte dein Gehirn aus. Nicht dauerhaft, sondern nur für einen kurzen Moment – den Anfang. Gönn dir eine kleine Denkpause und beginne mit deiner Aufgabe, ohne großartig zu grübeln. Überlege dir keine logische Handlungsstrategie, denke nicht über den übernächsten Schritt nach. Fang einfach an. Stell dein Gehirn für diesen Moment auf Autopilot und führe nur kleine, einfache Handlungen durch, die jeder Grundschüler erfolgreich hinter sich bringen könnte. Sobald du im Fluss bist, schaltest du dein Gehirn vom Stand-by- in den Arbeitsmodus.

TO-DO

Identifiziere fünf typische Situationen, in denen dich dein innerer Kritiker sabotiert, und kontere diese Angriffe zukünftig, indem du dein Gehirn ausschaltest und einfach mit einer Aufgabe beginnst!

RUBIKON-METHODE

Die Rubikon-Methode basiert auf der Metapher »den Rubikon überschreiten« und hat ihren Ursprung vor mehr als 2000 Jahren. Damals, um genau zu sein 49 vor Christus, überschritt der römische Kaiser Julius Cäsar mit seinen Soldaten den italienischen Grenzfluss Rubikon und löste damit einen Bürgerkrieg aus. Seitdem hat »den Rubikon überschreiten« die Bedeutung, eine folgenschwere und weitreichende Entscheidung zu treffen. Ein Schritt also, der nicht mehr zurückgenommen werden kann. Und genau dieses Prinzip kannst du gegen deine Prokrastination einsetzen.

Du überschreitest sozusagen deinen persönlichen Rubikon mit einem kleinen Schritt, der sich nicht mehr annullieren lässt. Es gibt keinen Ausweg mehr. Du musst weitermachen. Damit führt dich diese Methode schnurstracks aus deiner Komfortzone heraus, weil du dir selbst die Pistole auf die Brust setzt und dafür sorgst, dass dein innerer Schweinehund nicht wieder die Oberhand gewinnen kann. Die Rubikon-Methode wirkt zu Beginn recht rabiat, doch sie wird dich beflügeln. Natürlich ist der ausgeübte Druck unangenehm und wird dich fordern – doch darum geht es schließlich, wenn du über dich hinauswachsen möchtest.

Genug Theorie, sehen wir uns einige Beispiele zu dieser Strategie an. Angenommen, du möchtest in diesem Monat endlich dein Projekt abschließen, kommst aber bei der Bearbeitung nicht wirklich in Fahrt: Erzähle jeder Person aus deinem Kollegium, dass du noch in diesem Monat mit der Arbeit fertig wirst, und vereinbare eine Abschlussbesprechung mit deinem Vorgesetzten kurz nach der Deadline! Sowohl deine Chefs als auch deine Kollegen nehmen dich nicht mehr ernst, wenn du den Termin nicht einhältst. Oder stell dir Folgendes vor: Du möchtest unbedingt dein Englisch verbessern, findest aber keinen Antrieb, an deinen Sprachfähigkeiten zu arbeiten. Bewirb dich auf eine höhere Position in deiner Firma oder tritt einer internationalen Arbeitsgruppe bei! Nun musst du an deinem Englisch arbeiten, weil du ansonsten dein Gesicht verlieren würdest.

In deinem Privatleben kannst du die Rubikon-Methode ebenfalls einsetzen. Nehmen wir an, du bist extrem schüchtern, möchtest aber neue Menschen kennenlernen und deine Kontaktscheu überwinden: Melde dich sofort online zu einem Tanzkurs an und bezahl direkt die volle Gebühr! In dem Kurs musst du auf Tuchfühlung gehen und wirst zwangsläufig neue Kontakte knüpfen.

Wenn du die Rubikon-Methode anwendest, dürfen die ausgewählten Aufgaben kein Ding der Unmöglichkeit sein. Fang klein an. Besonders am Anfang wirst du dir selbst furchtbar auf die Nerven gehen, weil du dich stark unter Druck setzt und dir den Rückzug unmöglich machst. Das ist unangenehm – aber es lohnt sich. Diese Methode wird dir dabei helfen, einen ersten wichtigen Schritt zu unternehmen, um anschließend fokussiert weiterzumachen. Dir bleibt auch nichts anderes übrig, denn Umkehren ist dann nicht mehr drin.

TO-DO

Bestimme ein wichtiges persönliches Ziel und beginne sofort mit dessen Umsetzung, indem du die Rubikon–Methode anwendest!

FÜNF-MINUTEN-REGEL

Das Anfangen fällt uns häufig so schwer, weil die vor uns liegenden Aufgaben groß und aufwendig wirken. Das hat zur Folge, dass wir entweder nicht genau wissen, an welcher Stelle wir beginnen sollen, oder generell keine Lust haben, mit der Arbeit loszulegen, weil allein der Blick nach vorn schon anstrengend scheint. Bei fast allen Aufgaben ist der Anfang der schwierigste Schritt – hast du ihn aber überwunden, geht es deutlich einfacher voran. Und genau an diesem kritischen Punkt hilft dir die Fünf-Minuten-Regel. Bei dieser Methode legst du eine kleine konkrete Aufgabe fest und bearbeitest sie nur fünf Minuten lang. Danach hörst du damit auf und entscheidest, ob du weitermachst – oder eben nicht. Wenn du nach fünf Minuten absolut keine Lust mehr hast, dann hörst du einfach auf, unternimmst etwas anderes oder unternimmst später einen neuen Anlauf. Der Trick an der Sache ist jedoch, dass du dich nach fünf Minuten sehr wahrscheinlich nicht zurückziehen wirst. Die meisten denken sich nämlich: »Jetzt habe ich einmal angefangen, dann kann ich auch weitermachen.«

Die Fünf-Minuten-Regel ist also ein wirkungsvoller psychologischer Trick, mit dessen Hilfe du deine Startschwierigkeiten überwinden kannst. Besonders bei umfangreichen und komplexen Aufgaben funktioniert diese Methode ganz hervorragend. Durch eine kleine und einfache Anfangshandlung kommst du in Schwung und lässt dich nicht länger von einer großen Herausforderung abschrecken. Einschüchternde und zeitintensive Aufgaben, auf die du eigentlich keine Lust hast, verlieren ihren Schrecken, wenn du dich nur fünf Minuten lang mit ihnen befassen musst. Außerdem bringt dich diese Herangehensweise dazu, über die Struktur und Aufteilung deines Projekts nachzudenken: Wie sehen die einzelnen Schritte aus? Wie kannst du am besten vorgehen? Wie lassen sich Aufgaben unterteilen und am schnellsten erledigen? Was wäre eine sinnvolle Reihenfolge? Und so weiter. Mithilfe dieser einfa-

chen Regel musst du dich kaum noch überwinden und wirst –
durch die kleine Fünf-Minuten-Schranke in deinem Kopf – viel
motivierter und produktiver an neue Aufgaben herangehen.

Wie kann das in der Praxis funktionieren? Stell dir vor, du möchtest
einen ausführlichen Bericht verfassen, kannst dich aber nicht zum
Schreiben durchringen. Also bestimmst du eine kleine Teilaufgabe
und fängst einfach an. So könntest du beispielsweise fünf Minuten
lang an einem Absatz des Berichts arbeiten und danach entscheiden, ob du weiterschreibst oder nicht.

Gleiches gilt in deinen eigenen vier Wänden: nur fünf Minuten
an der Steuererklärung arbeiten, nur fünf Minuten lang den Keller aufräumen, nur fünf Minuten lang joggen und so weiter. Die
Fünf-Minuten-Regel ist eine einfache und praktische Hilfe gegen
das Aufschieben. Sie erleichtert dir das Anfangen und ebnet dir den
Weg in einen produktiven Arbeitsrhythmus. Fünf Minuten hast du
immer. Und dich fünf Minuten lang mit einer unliebsamen Aufgabe auseinanderzusetzen, schaffst du auch. Was danach kommt,
wird sich zeigen. Großen Druck hast du jedenfalls nicht – und das
ist zur Abwechslung ganz angenehm.

TO-DO

Setz die Fünf–Minuten–Regel ein und beginne sofort mit der
Bearbeitung einer Aufgabe – aber nur fünf Minuten lang!

MENTALER SCHUTZSCHILD

Zu welchen Zeitpunkten dich die Prokrastination überfällt, kannst du nicht vorhersehen. Es kann jederzeit passieren, egal wie sehr du dich gedanklich darauf einstellst: Es wird immer Momente oder Gelegenheiten geben, in denen du deinem Drang, etwas aufzuschieben, kaum standhalten kannst. Selbst dann, wenn du dich inmitten einer Konzentrationsphase befindest. Wirst du nur für eine Millisekunde abgelenkt, kann das eine Kettenreaktion nach sich ziehen, die dich letztendlich in unproduktive Verhaltensmuster zurückwirft. Ein wirksames Konzept, um in diesen Situationen schnell reagieren zu können, ist der sogenannte mentale Schutzschild. Die Methode funktioniert folgendermaßen:

- Wenn dich die Prokrastination heimsucht, musst du schnell reagieren und den Angriff abwehren. Dazu legst du dir einen motivierenden Gedanken zurecht, der dich in einem schwachen Moment schützt: dein mentaler Schutzschild.

Der Autor Philipp Barth schreibt in diesem Zusammenhang von einem »Eine-Sekunde-Schutzschild«.[30] Das Vorgehen ist dabei identisch; die »eine Sekunde« soll hingegen verdeutlichen, dass der Gedanke schnell abrufbar sein muss. Die Prokrastination lässt nicht lange mit sich diskutieren – du musst ihr sofort etwas entgegenhalten. Ein kurzer, einfacher Gedanke eignet sich dazu am besten. Im Prinzip ist dein mentaler Schutzschild ein vereinfachtes mentales Bild deiner Vision (siehe Kapitel 2). Dieser Ausschnitt muss dich so stark emotionalisieren, dass die Prokrastination keine Chance hat und daran abprallt. Grundsätzlich solltest du bei deinem persönlichen Schutzgedanken zwei wesentliche Dinge beachten. Erstens muss der Gedanke stark und motivierend sein. Nur wenn dein mentales Bild einen positiven Impuls in dir auslöst, eignet er sich als Gegenmittel zur Bekämpfung der Aufschieberitis. Ist dein Gedanke hingegen zu schwach, verpufft seine Wirkung. Zweitens muss der Gedanke einfach und klar sein. Ist dein Schutzschild zu komplex, dauert es zu lange, bis du deine Abwehr organisiert hast. Die Prokrastination hat dann freie Bahn. Konzentriere dich daher auf den Kern deines mentalen Bildes. Hier ein Anwendungsbeispiel:

- Prokrastination: »Die Präsentation ist langweilig, lies lieber alle deutschsprachigen Websites im Internet durch, bevor du weitermachst.«
- Schutzschild: »Stell dir vor, wie du ein Sonderlob von deiner Chefin bekommst, weil du eine erstklassige Präsentation vorbereitet hast – und arbeite weiter!«

Im privaten Umfeld könnte das Ganze etwa so aussehen:
- Prokrastination: »Es regnet heute, du solltest besser nicht joggen gehen.«
- Schutzschild: »Stell dir vor, wie du deinen Traumkörper vor dem Spiegel betrachtest – und schlüpf in deine Laufschuhe!«

Gewöhn dir an, für jede wichtige Aufgabe einen Schutzschild parat zu haben. Auf diese Weise stellst du sicher, dass deine Prioritäten geschützt sind und du deine Zeit klug einsetzt. Prokrastination ist dann keine Gefahr mehr für dich und deine Ziele.

TO-DO

Schmiede einen persönlichen mentalen Schutzschild und wehre auf diese Weise Prokrastinationsattacken ab!

ZUSAMMENFASSUNG

In diesem Kapitel hast du gelernt, was hinter deinem inneren Drang zum Aufschieben wichtiger Aufgaben steckt und mit welchen Mitteln du die Prokrastination besiegen kannst. Du weißt nun, wie du der Aufschieberitis begegnest und welche mentalen Schutzmechanismen dabei von Nutzen sind:

- Das Aufschieben wichtiger Aufgaben wird »Prokrastination« genannt und hindert dich daran, mit der Arbeit zu beginnen.

- Dieses Hinauszögern zerstört deine Produktivität, bringt deine zeitliche Planung durcheinander und reduziert die Qualität deiner Ergebnisse.

- Ein Mindset-Check hilft dir dabei zu verstehen, warum du prokrastinierst.

- Die häufigsten Gründe für deine Startschwierigkeiten liegen in der Ausrichtung deiner Gedanken (Ziele) oder sind in deren Umsetzung (Prozess) zu finden.

- Dein innerer Kritiker hält dich davon ab, schnell mit der Arbeit zu beginnen. Ignoriere diese innere Stimme und fang einfach an!

- Mithilfe der Rubikon-Methode kannst du dich selbst zum Loslegen zwingen, indem du eine Anfangshandlung durchführst, die du nicht mehr zurücknehmen kannst.

- Bei der Fünf-Minuten-Regel legst du eine kleine konkrete Aufgabe fest und bearbeitest diese nur fünf Minuten lang. Danach hörst du auf und entscheidest, ob du weitermachst.

- Mit einem mentalen Schutzschild wehrst du Prokrastinationsattacken ab, indem du dir einen motivierenden Gedanken zurechtlegst, der dich in einem schwachen Moment daran hindert, auf die Versuchung des Aufschiebens einzugehen.

KAPITEL 10

MOTIVATION

EINLEITUNG

Selbstmotivation ist die Schlüsselfähigkeit schlechthin, wenn du deine Zeit besser nutzen und dauerhaft erfolgreich sein möchtest. Die beste Strategie ist wertlos, wenn du sie nicht entschlossen in die Tat umsetzen kannst und bis zum Ende durchhältst. Gelingt es dir hingegen immer wieder, nicht nur die Prokrastination zu überwinden, sondern auch im Anschluss motiviert an deinen Zielen zu arbeiten, wirst du alles erreichen, was du dir vorgenommen hast. Dabei wird es immer Phasen in deinem Leben geben, in denen deine To-do-Liste kein Ende nimmt und dein Kalender aus allen Nähten platzt. Eine Aufgabe jagt die nächste und deine Zeit reicht vorne und hinten nicht. Mit einer erledigten Sache flattern fünf neue Herausforderungen auf deinen Schreibtisch – bis du schließlich das Gefühl hast, der Situation nicht mehr gewachsen zu sein. Wenn dann noch die kleinsten Erfolge ausbleiben, kann die Stimmung schnell kippen. In diesen Momenten kommt es darauf an, dass du dich nicht hängen lässt, sondern den Kopf hochnimmst und weitermachst.

Was viele Menschen in solch einer Situation tun: gar nichts. Da sie den Eindruck haben, ohnehin nichts ausrichten zu können, geben sie von vornherein auf. Sie sagen sich: »Ich schaffe das sowieso nicht«, machen jemand anderes für ihre Lage verantwortlich, statt am Ball zu bleiben. Diese Einstellung hat zur Folge, dass sie ihre Ziele tatsächlich nicht erreichen, sich bestätigt fühlen und es beim nächsten Mal genauso machen. Ein Teufelskreis. Die klügsten und am besten strukturierten Menschen scheitern häufig an ihren Vorhaben, weil sie in der Sache nicht hartnäckig genug sind. Sie geben zu früh auf und schöpfen damit niemals ihr volles Potenzial aus.

Damit dir so etwas nicht passiert, musst du ein paar Vorkehrungen treffen, die dir in hektischen Zeiten Antrieb und Kraft geben. Auf diese Weise wird es dir gelingen, anhaltende Frustration zu überstehen und dauerhaft motiviert zu bleiben. Welche Maßnahmen dir dabei helfen und wie du motivierende Gewohnheiten für deine täglichen Herausforderungen entwickeln kannst, sehen wir uns in diesem Kapitel an.

ÜBERBLICK

In diesem Kapitel lernst du,

- wie du starke Anreize schaffen kannst, die dich langfristig motivieren.

- warum du bei der Arbeit deine Zeit messen solltest und welche Auswirkungen das auf deine Motivation hat.

- wie du mithilfe von Goal Tracking kleine Erfolge visualisierst und bei großen Aufgaben nicht die Lust verlierst.

- wie dir die Kettenregel dabei hilft, produktive Gewohnheiten in deinem Alltag zu etablieren.

- warum du ein Erfolgsjournal führen solltest und wie dir das mit wenig Aufwand gelingt.

ANREIZSYSTEME

Bei einigen deiner Vorhaben reichen die schönsten Ziele und besten Erfolgsaussichten nicht aus, um dir einen motivierten Start zu ermöglichen. Was du dann brauchst, sind konkrete Anreizsysteme, die eine Initialzündung bei dir auslösen. Dies kann zum Beispiel eine Belohnung sein, auf die du dich freuen und hinarbeiten kannst.

Es ist so ähnlich wie mit dem Esel und der Karotte (verzeih mir bitte den Vergleich!): Sobald du ein greifbares Ziel vor Augen hast, gibst du alles, um den symbolischen Köder zu erreichen. Eine absehbare Belohnung beflügelt dich und hilft dir dabei, deine Aufgaben ergebnisorientiert zu erledigen. Du kannst gar nicht anders, als mit der Arbeit zu beginnen und bleibst bis zum Ende bei der Sache, während du die Karotte fest im Blick hast. Im Zweifel legst du eine Sonderschicht ein und gibst das eine entscheidende Prozent mehr – weil dich im Anschluss etwas Schönes erwartet. Du entwickelst eine deutlich aggressivere Dynamik und arbeitest viel fokussierter.

Um diesen Effekt zu erzielen, muss die Belohnung nicht einmal besonders groß oder teuer sein. Wichtig ist nur, dass sie in dir den tiefen inneren Wunsch weckt, das gesetzte Ziel unter allen Umständen zu erreichen. Daher muss deine Belohnung einen wirklichen Mehrwert für dich darstellen und sollte Glücksgefühle in dir auslösen, beispielsweise so:

> »Wenn ich das wichtige Projekt fertigstelle, fahre ich danach für eine Woche in den Urlaub.« Oder: »Wenn ich heute 30 Minuten lang Sport mache, sehe ich mir im Anschluss eine Folge meiner Lieblingsserie an.«

Wenn du hingegen versuchst, bei deinem Anreizsystem zu sparen und Abstriche bei deiner Belohnung machst, verfehlt diese Strategie ihren Sinn und der Effekt deiner Belohnung verpufft. Anreizsysteme funktionieren nicht nur mit Belohnungen, sondern auch mit Strafen. Was zunächst etwas drastisch und altmodisch klingt, kann dir motivationstechnisch zum Durchbruch verhelfen. Eine drohende Bestrafung für den Fall, dass du deine Ziele verfehlst, kann deine Entschlossenheit vervielfachen und ungeahnte Kräfte freisetzen. Dabei solltest du jedoch einige Feinheiten beachten. Wenn du mit Strafen arbeitest, erhöhst du den Druck auf dich selbst. Du sorgst dafür, dass es ungemütlich wird, wenn dein Ergebnis nicht stimmt – denn in diesem Fall würde dir die festgelegte Konsequenz drohen. Allerdings funktioniert das nur, wenn du deine Strafe ausreichend streng und unangenehm gestaltest:

- Falls du dich mit fünf Minuten weniger Internet bestrafst oder im schlimmsten Fall die Chips beim Fernsehabend weglassen musst, wird dein Druckmittel keine große Wirkung entfalten.

Ebenso wenig hilfreich sind übertrieben harte Strafen: Hungrig ins Bett zu gehen oder so lange kein Wasser zu trinken, bis du deine Aufgabe geschafft hast, bringt dich nicht weiter. Das sind zwar äußerst unangenehme Konsequenzen, die aber gleichzeitig deiner Produktivität schaden. Solch ein Vorgehen ist völlig sinnlos. Angemessene Strafen festzulegen, ist also ein Balanceakt: Deine Strafe muss dich motivieren, darf dich aber nicht vor Angst lähmen; sie muss ein wenig wehtun, sollte jedoch nicht ernsthaft schädlich für dich und deine Produktivität sein. Versuch deshalb, einen Mittelweg zu finden, bis du das richtige Maß für dein persönliches Anreizsystem gefunden hast.

TO-DO

Leg für die Fertigstellung deiner nächsten Aufgabe eine konkrete Belohnung mit großem Mehrwert fest! Bestimme außerdem eine Strafe, die dann eintritt, wenn du deine Aufgabe nicht wie geplant erledigst!

TICKTACK

Kurze Zeitreise in die Vergangenheit: Du bist zurück in der Schule. Nervös wippst du auf deinem Stuhl hin und her. Die Klausuren werden ausgeteilt. Schnappatmung setzt ein. Und dann sagt deine Lehrerin die drei magischen Worte:»Die Zeit läuft.« Jetzt zählt es. Du musst liefern. Die Zeit ist knapp. Jede Sekunde ist wertvoll. Du hast Druck. Du weißt nicht so recht, was du schreiben sollst. Aber du musst anfangen. Du darfst keine Zeit verlieren. Also beginnst du.

Stehst du in diesem Moment unter Stress? Ja. Hast du Motivation zum Anfangen? Aber hallo! Und das alles wegen der drei kleinen Worte mit großer Wirkung. Dabei ist es ganz selbstverständlich, dass die Zeit vergeht – doch durch die bewusste Vorgabe einer zeitlichen Frist wird deine Handlungsbereitschaft um ein Vielfaches erhöht. Der Countdown zwingt dich dazu, deine Konzentration zu bündeln und Nebensächlichkeiten auszublenden. Mit bestechender Wirkung: Du bestehst die Klausur – und das, obwohl du vorher nicht ausgiebig gegrübelt und zwischendurch ein mentales Nickerchen gemacht hast.

Zurück in die Realität. Warum Deadlines deine Produktivität verbessern und wie der dazugehörige Mechanismus wirkt, hast du bereits in Kapitel 5 kennengelernt. Diesen Effekt kannst du jedoch noch verstärken und damit deine tägliche Arbeit deutlich motivierter angehen. Alles, was du dafür tun musst, ist, deine Zeit zu messen. Arbeite zukünftig mit einer (digitalen) Stoppuhr und miss die Bearbeitungsdauer deiner Aufgaben. Starte jedes Mal einen Timer, wenn du dich mit einem Punkt von deiner To-do-Liste auseinandersetzt. Daraus entstehen zwei große Vorteile: Erstens wird dich die ablaufende Zeit motivieren und dafür sorgen, dass du ohne langes Zögern mit der Arbeit beginnst. Die Uhr tickt – du musst anfangen. Es bleibt kein Raum für Prokrastination oder Zerstreuung.

Zweitens wird deine Leistung vergleichbar. Das heißt: Wenn du dich das nächste Mal um eine ähnliche Aufgabe kümmerst, wirst du automatisch versuchen, deinen persönlichen Rekord einzustellen. Du trittst sozusagen in einen Wettbewerb mit dir selbst – und das wird deine Effizienz deutlich steigern. Besonders wirksam werden diese beiden Effekte, wenn du die Stoppuhr rückwärtslaufen lässt. Stell dazu auf deinem Smartphone oder Computer einfach eine bestimmte Bearbeitungsdauer ein und starte dann den Timer.

Gehst du mit dieser Methode verschiedene Aufgaben hintereinander an, folgst du automatisch einer Sonderform der Pomodoro-Technik aus Kapitel 6 (Sonderform, weil die Arbeitsintervalle nicht unbedingt die gleiche Dauer haben müssen). Das wird deine Produktivität deutlich steigern und kann deine Motivation über den ganzen Tag aufrechterhalten. Kleine Erholungspausen zwischen den Aufgabenblöcken sorgen dafür, dass deine Leistungsfähigkeit nicht abfällt und dein Fokus bestehen bleibt. Auf diese Weise kannst du die Geschwindigkeit deiner Arbeit spürbar erhöhen. Dennoch solltest du die Qualität deiner Ergebnisse kritisch prüfen. Es bringt dir nicht sonderlich viel, wenn du deine Aufgaben zwar schnell, dafür aber sehr ungenau erledigst. Bestimme daher zu Beginn jeder Einheit ein konkretes Ziel und achte darauf, dass deine Resultate einem Mindeststandard entsprechen.

TO-DO

Miss bei der Bearbeitung deiner nächsten Aufgabe die benötigte Zeit und achte trotzdem darauf, qualitativ hochwertig zu arbeiten!

GOAL TRACKING

Bei langfristigen Zielen und umfangreichen Aufgaben kann es besonders schwierig sein, durchgehend motiviert zu bleiben. Das Kritische daran ist: Du arbeitest zwar kontinuierlich, siehst aber kaum Fortschritte. Obwohl du jetzt Zeit und Energie investierst, werden die Ergebnisse deiner Bemühungen erst viel später sichtbar. Natürlich ist dir das bewusst, doch diese Kombination kann phasenweise deprimierend wirken. Sehr deprimierend sogar. Aus diesem Grund ist es wichtig, dass du dir regelmäßig vor Augen führst, was du bisher schon erreicht hast. Sobald du deine Fortschritte visualisierst, wirst du erkennen, wie viel du schon geschafft hast. Das Weitermachen fällt dir dann deutlich leichter, obwohl das finale Ergebnis noch fast genauso weit entfernt ist wie zuvor.

Die Methode bei dieser Form der Visualisierung wird als »Goal Tracking« bezeichnet. Dabei zerteilst du eine große, komplexe Aufgabe in Zwischenschritte, weist jeder dieser Teilaufgaben ein konkretes Ziel zu und bringst diese Struktur zu Papier. Anschließend beginnst du mit der Bearbeitung und kennzeichnest jedes Teilziel, das du erreicht hast:

☐ Aufgabe 1:

    ☑ Teilaufgabe 1a
    ☑ Teilaufgabe 1b
    ☑ Teilaufgabe 1c
    ☐ Teilaufgabe 1d
    ☐ Teilaufgabe 1e

Allein durch diese zusätzliche Ebene auf deiner To-do-Liste, die Teilaufgaben berücksichtigt, wirkt deine erbrachte Leistung viel eindrucksvoller. Gleichzeitig verbesserst du deine Arbeitsstruktur, weil du dazu gezwungen bist, Zwischenziele zu definieren. Das kann deine Motivation zusätzlich steigern. Ohne diesen Zusatz sähe deine Liste nämlich folgendermaßen aus:

☐ Aufgabe 1

Nichts von dem, was du in den letzten Stunden erreicht hast, wäre sichtbar. Wärst du nicht selbst dabei gewesen, würdest du nicht vermuten, dass du bisher produktiv gearbeitet hast. Nicht besonders motivierend, oder? Erst Goal Tracking sorgt dafür, dass deine kleinen Erfolge sichtbar werden und eine eigene Dynamik entwickeln, die dich mitreißen kann. Neben der gezeigten Listenform kannst du deine Teilziele auf alle denkbaren Arten darstellen. Eine häufig verwendete grafische Variante ist das Progress-o-Meter, das an einen Ladebalken erinnert:

Teilaufgabe 1a   Teilaufgabe 1b   Teilaufgabe 1c   Teilaufgabe 1d   Teilaufgabe 1e

Sobald du eine Teilaufgabe erledigt hast, malst du den entsprechenden Abschnitt aus. Hat dein Balken die 100 Prozent erreicht, ist die Aufgabe abgeschlossen und du kannst mit einem anderen Projekt beginnen. Und das wirst du auch, weil deine Motivationsbatterie von nun an voll aufgeladen ist und dir noch lange Energie liefert.

TO-DO

Setze Goal Tracking ein, indem du eine große Aufgabe unterteilst, Zwischenziele definierst und deine kleinen Erfolge sichtbar machst!

KETTENREGEL

Die schönsten Ziele bringen dich nicht weiter, wenn du sie schon nach kurzer Zeit aus den Augen verlierst und nicht regelmäßig an ihnen arbeitest. Dabei liegt die Betonung auf dem Wort »regelmäßig«. Deine Ziele und Pläne können noch so gut sein – wenn du dich nur zwei Tage im Jahr um sie kümmerst, wird dein Erfolg überschaubar bleiben. Falls er überhaupt sichtbar wird. Wenn du hingegen jeden Tag ein paar Minuten deiner Zeit investierst und deine Pläne fokussiert verfolgst, wirst du fast wie von selbst erfolgreich. Die kleinen Wiederholungen entwickeln auf Dauer eine ungeheure Zugkraft und etablieren produktive Gewohnheiten in deinem Alltag. Eine nützliche Technik, die diesen Prozess unterstützt, ist die sogenannte Kettenregel.

Viele erfolgreiche Persönlichkeiten nutzen diese Methode, um neue Dinge zu lernen oder – annähernde – Perfektion auf einem Gebiet zu erreichen. So wurde der amerikanische Comedian und Multimillionär Jerry Seinfeld in einem Interview danach gefragt, wie er es geschafft habe, sich im hart umkämpften Showbusiness durchzusetzen. Er verwies auf die Kettenregel: »Ich schreibe jeden Tag einen Witz. Wenn es gut läuft, auch zwei oder drei. Selbst dann, wenn ich nicht in Stimmung bin oder kaum Zeit habe. Ich schreibe jeden Tag. Irgendwann ist ein guter Witz dabei und mit der Zeit wird man immer besser.«[31] Natürlich ist Seinfeld überdurchschnittlich begabt, aber er wäre nicht besonders weit gekommen, wenn er sich nur auf sein Talent verlassen hätte.

Die Kettenregel ist eine gleichermaßen einfache und wirkungsvolle Methode, um die eigenen Ziele zu visualisieren und damit positive Verhaltensmuster zu verstärken. Besorg dir dazu einen großen Wandkalender, auf dem ein Monat oder ein ganzes Jahr abgebildet ist, und hänge ihn in deinem Zimmer auf. Und zwar so, dass du ihn unmöglich übersehen kannst. Nun arbeitest du für einen kurzen Zeitraum an einer wichtigen Aufgabe und markierst diesen Tag anschließend mit einem großen roten X. Fahre bei jedem weiteren Tag, an dem du etwas für dein Ziel getan hast, genauso fort und setze eine Markierung im Kalender. Nach ein paar Tagen hast du eine Kette – und wenn du weitermachst, wird diese von Tag zu Tag länger. Das könnte dann so aussehen:

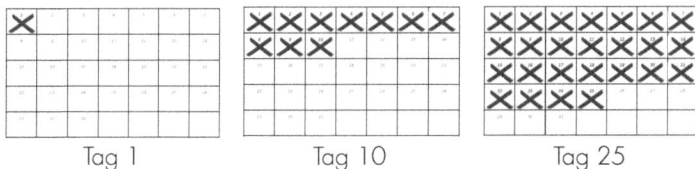

Tag 1   Tag 10   Tag 25

Deine einzige Aufgabe ist jetzt nur noch, die Kette nicht zu unterbrechen. Du musst nicht zwölf Stunden am Tag wie ein Verrückter arbeiten oder andere unrealistische Dinge tun, sondern nur deine Kette fortführen. Nicht mehr und nicht weniger. Und genau dadurch erzeugst du eine ungemeine Motivation. Mithilfe dieser Methode visualisierst du deine täglichen Erfolge und baust fest verankerte, produktive Gewohnheiten auf. Alles, was du dazu brauchst, sind ein Kalender und ein wenig Entschlossenheit, um das erste Kreuz in deiner Kette zu machen. Danach musst du nur noch dranbleiben.

TO-DO

Setze die Kettenregel ein und beginn heute noch damit, eine neue produktive Gewohnheit in deinem Leben zu etablieren!

ERFOLGSJOURNAL

Was haben Bill Gates, Barack Obama und Joanne K. Rowling gemeinsam? Ja, sie sind übertrieben erfolgreich und haben mehr Geld, als sie jemals ausgeben können. Aber das meine ich nicht. Diese Personen vereint eine Gewohnheit, die fast allen Überfliegern auf diesem Planeten zu eigen ist: Sie führen ein Tagebuch. Aber nicht irgendein Tagebuch, sondern ein Erfolgsjournal. Täglich reflektieren sie ihre Handlungen, ziehen ihre Schlüsse daraus und planen ihre nächsten Schritte. Mit der Zeit entfacht dieses Vorgehen eine unbändige Motivation, die jeder weitere Journaleintrag Tag für Tag erneuert.

Solch ein Erfolgsjournal geht weit über das altmodische Führen eines Tagebuchs hinaus. Während du beim klassischen Ansatz einfach nur deine Gedanken zusammenfasst, bis du eine Ansammlung wilder Gefühle und Erlebnisse vor dir hast, schreibst du bei der modernen Tagebuchmethode zielgerichtet und gibst deinen Gedanken Struktur. Dadurch kannst du bewusst Schwerpunkte setzen, bessere Lerneffekte erzielen und negative Stimmungen loswerden.

Grundsätzlich folgt diese Strategie zwei Leitgedanken: Zum einen erfolgt eine kritische Analyse des vergangenen Tages, zum anderen legst du eine motivierende Planung für den neuen Tag fest. Zusammen mit einer Beschreibung der jüngsten Geschehnisse ergibt sich daraus eine dreistufige Struktur:

- Tageszusammenfassung
- Erkenntnisse
- Motivation

Typischerweise wird der Journaleintrag abends verfasst. Dabei konzentrierst du dich zuerst auf den bisherigen Tag und lässt die Geschehnisse Revue passieren. Außerdem führst du Besonderheiten und wichtige Ereignisse auf, die an diesem Tag eine wichtige Rolle für dich gespielt haben. Dabei könntest du beispielsweise die folgenden Fragen beantworten:

- Wie war mein Tag?
- Was ist heute Wichtiges passiert?
- Warum war das wichtig?

Im zweiten Schritt hinterfragst du dein Handeln und analysierst deinen Tag. Dein Ziel sollte dabei sein, Lerneffekte herauszuarbeiten, damit du aus jeder deiner Handlungen eine wertvolle Erkenntnis für die Zukunft mitnimmst. Diese Fragen können dabei helfen:

- Was lief heute nicht optimal und warum?
- Wie kann ich mögliche Fehler korrigieren?
- Was kann ich in Zukunft besser machen?

Zuletzt lenkst du deinen Fokus bewusst auf die positiven Aspekte des vergangenen Tages und ziehst damit aus deinen Erlebnissen Kraft. Frag dich zu diesem Zweck etwa:

- Was lief heute richtig gut?
- Was möchte ich morgen erreichen?
- Für welche drei Dinge bin ich heute dankbar?

TO-DO

Führe ab heute ein modernes Erfolgsjournal und schreib deinen ersten Tagebucheintrag!

ZUSAMMENFASSUNG

In diesem Kapitel hast du gelernt, wie du Phasen der Frustration überstehen und dauerhaft motiviert bleiben kannst. Dazu hast du verschiedene Techniken kennengelernt, die dir dabei helfen werden, dich in sämtlichen Lebenslagen selbst zu motivieren:

- Selbstmotivation ist eine Schlüsselfähigkeit, wenn du deine Zeit besser nutzen und dauerhaft erfolgreich sein möchtest.

- Durch den Einsatz persönlicher Anreizsysteme kannst du deine Motivation nachhaltig steigern.

- Belohnungen können dich beflügeln und dir dabei helfen, deine Aufgaben ergebnisorientiert zu erledigen.

- Mit (angemessenen) Strafen setzt du dich selbst unter Druck und steigerst somit deine Entschlossenheit bei der Arbeit.

- Sobald du misst, wie viel Zeit du für bestimmte Aufgaben benötigst, wird deine Handlungsbereitschaft um ein Vielfaches erhöht.

- Ein ablaufender Countdown zwingt dich dazu, deine Konzentration zu bündeln und Nebensächlichkeiten auszublenden.

- Beim Goal Tracking unterteilst du komplexe Aufgaben, definierst Zwischenschritte und visualisierst deine Ziele.

- Die Kettenregel motiviert dich dazu, jeden Tag an deinen Zielen zu arbeiten – und so die Kette fortzusetzen –, was positive Verhaltensmuster verstärkt.

- Mithilfe eines Erfolgsjournals dokumentierst du deinen täglichen Fortschritt, machst Ergebnisse sichtbar und planst deine Aufgaben für den nächsten Tag.

KAPITEL 11

FREIRAUM

EINLEITUNG

Es ist geschafft: Die wesentlichen Elemente eines modernen Zeitmanagements befinden sich nun in deinem Repertoire. Die wichtigsten Techniken für eine effiziente Arbeitsweise und ein entspanntes Leben hast du in den bisherigen Kapiteln kennengelernt. Aber erinnerst du dich noch an den Hauptgrund, warum du deine Produktivität erhöhen wolltest? Richtig: Du solltest weniger beschäftigt sein (denn: *Busy is the new stupid!*) und deine Zeit häufiger zur Selbstreflexion nutzen. In der Einleitung habe ich einen Dialog zwischen Bill Gates und Warren Buffett erwähnt – Zitat Gates: »Es sollte nicht dein Ziel sein, jede Zeile in deinem Kalender zu füllen. In Ruhe nachzudenken, muss eine viel höhere Priorität haben.«[32] So weit, so gut. Doch wie soll das gehen? Wo sollst du die Zeit zum Nachdenken hernehmen? Und wie verklickerst du das deiner Chefin oder deinem Partner?

In der Regel wird dein Tagesablauf nur wenige freie Zeitfenster beinhalten, in denen du dich zurückziehen, die Gedanken schweifen lassen und innovative Ideen entwickeln kannst. Selbst wenn es dir gelingt, hin und wieder eine kreative Auszeit einzulegen, wird der belebende Effekt schnell nachlassen, solltest du das Ganze nicht zur Gewohnheit machen. Doch die Vielzahl deiner Aufgaben und Verpflichtungen wird regelmäßige Phasen des Nachdenkens kaum zulassen.

Geschenkt gibt es diese Zeit also nicht – du musst sie dir nehmen. Den ersten notwendigen Schritt dafür hast du mit der Optimierung deines Zeitmanagements schon erledigt. Als Nächstes widmen wir uns dem Schaffen von Freiräumen in deinem Alltag. Dabei verfolgen wir zwei grundsätzliche Prinzipien: Auf der einen Seite werden wir unnötige Aktivitäten konsequent aussortieren und damit deinen Kalender entrümpeln; auf der anderen Seite organisieren wir deine Zeit etwas anders als bisher und halten dir auf diese Weise den Rücken frei. Welche Strategien und Methoden dich dabei unterstützen können, sehen wir uns in diesem Kapitel an.

ÜBERBLICK

In diesem Kapitel lernst du,

- wie du effiziente Zeitblöcke bestimmst und warum du Termine mit dir selbst machen solltest.

- was sich hinter dem Konzept der »stillen Stunde« verbirgt und wie du diese Methode im Alltag einsetzen kannst.

- wie du mithilfe der Fuß–in–der–Tür-Taktik Freiräume aushandelst.

- wie dir der Coffeeshop–Effekt dabei helfen kann, in Ruhe nachzudenken.

- warum du eine VIP–Liste erstellen solltest, um zu gewährleisten, dass dein Umfeld dir guttut und Rückhalt gibt.

TERMINE MIT DIR SELBST

Zu Beginn deines Freiraumprojekts werfen wir einen Blick in deinen Terminkalender. Einen kritischen Blick wohlgemerkt, denn: Die meisten Kalender gleichen einem Flickenteppich. Das liegt häufig daran, dass Aufgaben nicht systematisch, sondern willkürlich geplant werden – falls überhaupt eine Planung stattfindet. In der Regel werden unterschiedliche To-dos irgendwelchen Zeiten zugeordnet und dann wahllos aneinandergehängt. Mit einer effizienten Struktur hat das wenig zu tun. Viel geschickter ist es hingegen, ähnliche Aufgaben in Zeitblöcken zusammenzulegen, diese der Priorität nach zu ordnen und dann konzentriert abzuarbeiten. Dieses Vorgehen wird als »Time Blocking« bezeichnet und kann dafür sorgen, dass dein Kalender übersichtlich bleibt und deine Effizienz ansteigt. Dadurch sparst du Zeit, die du für dich und deine persönliche Weiterentwicklung nutzen kannst. Dazu eine Gegenüberstellung:

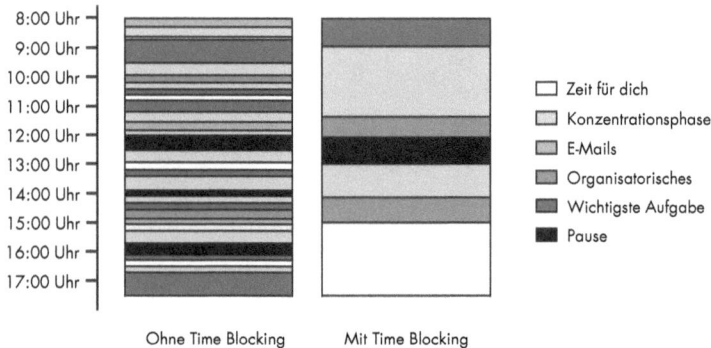

Ohne Time Blocking sieht dein Kalender aus wie ein Barcode. Viele kleine unterschiedliche Aufgaben wechseln sich ab. Ständig springst du von einer Aktivität zur nächsten. Und jedes Mal musst du dich neu eindenken und verlierst dadurch Zeit. Konzentriertes Arbeiten ist so kaum möglich. Mit Time Blocking entwirfst du deine zeitliche Planung und defragmentierst deinen Terminkalender. Nun liegen große Aufgabenblöcke vor dir, die du fokussiert erledigen kannst. Außerdem orientiert sich die Bearbeitungsreihenfolge an deinen Prioritäten (siehe Kapitel 4) und deinem Biorhythmus (siehe Kapitel 6): Du beginnst mit deiner wichtigsten Aufgabe, legst eine Konzentrationsphase in dein erstes Tageshoch, absolvierst Routinetätigkeiten während des Mittagstiefs und nutzt dein zweites Hoch am Nachmittag optimal für strategische Überlegungen. Dabei bleibt mit Time Blocking deutlich mehr freie Zeit übrig als ohne diese Technik. Warum? Weil du die eingesparte Arbeitszeit als Denkzeit nutzen kannst.

Dabei ist es wichtig, dass du diesen freien Zeitblock konsequent planst und reservierst. Du vereinbarst sozusagen einen Termin mit dir selbst. Es ist kein Vorschlag oder eine unverbindliche Idee – es ist ein fester Termin. Jeden Tag. Absagen ist nicht erlaubt, Verschieben auch nicht. Allein die Tageszeit ist flexibel: Du kannst den Termin mit dir selbst auch morgens abhalten oder in die Mittagszeit legen (falls du dann fokussiert genug bist). Auch die Aufteilung auf ein morgendliches Briefing und eine Nachmittagssession ist möglich, solange du den größten Nutzen daraus ziehst.

TO-DO
Wende das Prinzip des Time Blocking an und vereinbare Termine mit dir selbst!

STILLE STUNDE

Die »Stille Stunde« ist zugegebenermaßen schon etwas in die Jahre gekommen, doch in Zeiten von Beschäftigungswahn und grenzenloser Erreichbarkeit erfährt dieses Konzept eine regelrechte Renaissance. Im Rahmen einer stillen Stunde kapselst du dich für einen zuvor festgelegten Zeitraum von deiner Umwelt ab und arbeitest in einem Zustand höchster Konzentration. Dabei machst du dir die Vorteile der Abschottung (siehe Kapitel 6) zunutze und schaltest alle Ablenkungen aus: Schließ die Bürotür, stell dein Telefon lautlos, bitte deine Kollegen um Verständnis und ignoriere dein E-Mail-Programm sowie sämtliche Onlineablenkungen. Nichts darf dich während deiner stillen Stunde stören – nicht einmal dein Chef. Verabrede daher im Vorfeld mit deinen Vorgesetzten, dass du dich jeden Tag für einen kurzen Zeitraum zurückziehen und fokussiert nachdenken kannst. Mit einer offenen Kommunikation wirst du auf wenig Gegenwehr stoßen.

Gleichermaßen ist es von Bedeutung, dass du deine stille Stunde geschickt planst. Lege diese Phase der Konzentration nicht in Zeitfenster, in denen typischerweise (wirklich) wichtige Meetings stattfinden, deine Kunden häufig anrufen oder sonstige Unterbrechungen absehbar sind. Außerdem solltest du sowohl körperlich als auch geistig fit und leistungsfähig sein (Stichwort Biorhythmus). Darüber hinaus bleibt die Frage, wo du deine stille Stunde verbringen wirst. Falls sich dein Schreibtisch in einem Großraumbüro befindet oder deine Bürokollegin gegenüber viele Telefonate führen muss, ist es sinnvoll, für eine kurze Zeit den Arbeitsplatz zu wechseln. Dazu kannst du dich zum Beispiel in einen Besprechungsraum zurückziehen oder mit Kollegen zusammentun, die ebenfalls in Ruhe arbeiten möchten.

Übrigens: Nur weil die stille Stunde so heißt, wie sie heißt, bedeutet das nicht, dass sie genau eine Stunde lang sein muss. »Stille

Stunde« steht vielmehr für ein beliebiges Zeitfenster, in dem du nicht gestört wirst. Du kannst diesen Zeitraum so lange ausdehnen, wie er dir und deiner Produktivität guttut. Sobald du diese Rahmenbedingungen bestimmt hast, weist du der stillen Stunde einen Platz in deinem Terminkalender zu. Das könntest du beispielsweise so organisieren:

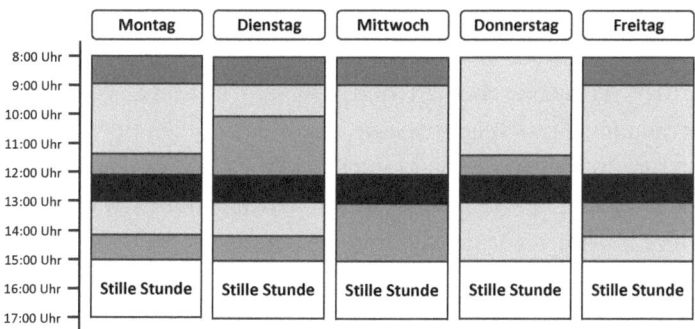

In diesem Fall dauert deine stille Stunde circa 120 Minuten und findet jeden Tag zur gleichen Zeit statt. Unabhängig davon, wie deine restliche Tagesplanung aussieht, sind täglich ab 15 Uhr zwei Stunden für dich reserviert, in denen du fokussiert denken und arbeiten kannst. Stell dir einmal vor, was das auf Dauer für dich bedeuten könnte.

TO-DO

Führe eine stille Stunde in deinem Arbeitsalltag ein, indem du dich für einen zuvor bestimmten Zeitraum von deiner Umgebung isolierst und in höchster Konzentration arbeitest oder nachdenkst!

FUSS-IN-DER-TÜR-TAKTIK

Trotz Time Blocking und stiller Stunde wird es immer Situationen in deinem Alltag geben, in denen du dir deinen Freiraum erkämpfen musst. Ob im beruflichen oder im privaten Bereich: Wenn du Zeit für dich haben möchtest, musst du verhandeln. Dazu sehen wir uns nun eine Technik an, die Timothy Ferriss als »Puppy-Dog-Close-Methode« bezeichnet.[33] Dieser Ansatz stammt aus der Verkaufspsychologie und geht so: Ein Kunde betritt eine Tierhandlung und zeigt Interesse an einem Hundewelpen. Da der potenzielle Käufer allerdings noch zögert, bietet der Ladenmitarbeiter ihm an, den kleinen Racker probeweise mit nach Hause zu nehmen. Sollte er seine Meinung ändern, darf er das Hundebaby zurückgeben.

Und jetzt rate mal, wie häufig von diesem Rückgaberecht Gebrauch gemacht wird? Praktisch nie. Mit einem ersten unverfänglichen Angebot wird ein abschließender Deal eingefädelt. Ich nenne diese Methode daher »Fuß-in-der-Tür-Taktik«, weil sie dir dabei hilft, deinem Gegenüber kleine Zugeständnisse abzuringen, die sich in der Folge als dauerhafte Muster etablieren können. Nehmen wir zum Beispiel an, du möchtest weniger Zeit mit sinnlosen Meetings verschwenden und triffst deine Chefin »zufällig« auf dem Flur:

> »Guten Morgen. Ich würde gerne an der Besprechung teilnehmen, aber ich habe ein paar wichtige Aufgaben auf dem Schreibtisch, die ich dringend erledigen muss. Könnte ich den Termin daher heute ausfallen lassen? Ich werde mich auch hinterher über die Ergebnisse informieren – versprochen.«

Erlaubt deine Chefin diese Ausnahme, hast du einen Präzedenzfall geschaffen. Ab jetzt ist der Besprechungstermin nicht mehr unantastbar, sofern du einer anderen, wichtigeren Tätigkeit nachgehst.

Mit der Zeit kannst du das Meeting immer wieder ausfallen lassen und damit viel Zeit sparen. Auf ähnliche Weise kannst du etwa auch eine Homeoffice-Regelung verhandeln:

>>Könnte ich nächsten Donnerstag von zu Hause aus arbeiten? In meinem Homeoffice habe ich alles, was ich brauche, um meine Aufgaben hoch konzentriert zu erledigen. Außerdem werde ich meine Termine und Anrufe so organisieren, dass meine Abwesenheit nicht negativ auffällt.<<

Darfst du dein Homeoffice nutzen, ist die Chance groß, dass du zukünftig häufiger dort arbeiten kannst. Apropos Home: Zu Hause kannst du die Fuß-in-der-Tür-Taktik ebenfalls nutzen, um Freiraum zu schaffen. Du könntest deinen Partner beispielsweise fragen:

>>Hast du etwas dagegen, wenn ich mich für ein paar Minuten zurückziehe und eine Technik aus meinem neuen Buch ausprobiere? Es geht darum, wie man seine Zeit produktiver nutzen kann und bessere Ideen generiert. Danach bin ich mit den Gedanken wieder voll bei dir und wir machen uns einen schönen Abend. Was hältst du davon?<<

Mithilfe dieser Strategie bekommst du in jedem Bereich den Fuß in die Tür und kannst dir zusätzliche Zeit sichern. Geh dabei wie ein geschicktes Kind vor: >>Nur dieses eine Mal – bitte, bitte!<< Sobald du eine Ausnahme ausgehandelt hast, kannst du Schritt für Schritt an neuen Gewohnheiten arbeiten.

TO-DO
Setze die Fuß–in–der–Tür–Taktik ein und verschaffe dir neuen Freiraum in deinem Alltag!

COFFEESHOP-EFFEKT

Deine bekannte Umgebung ist nicht immer der beste Ort, um produktiv und kreativ zu sein. Einerseits sind Störeinflüsse und Ablenkungen zu groß, sodass du keinen Gedanken zu Ende führen kannst; andererseits fehlt dir häufig ein externer Impuls, um eine neue Denkweise zu entwickeln. In diesen Situationen hilft nur ein strategischer Rückzug: die Flucht in ein anderes Umfeld. Dies kann mit dem sogenannten Coffeeshop-Effekt belegt werden.

Der Coffeeshop-Effekt beschreibt das Phänomen, dass die eigene Produktivität durch das Arbeiten in einer neuen, belebten Atmosphäre spürbar zunimmt. Der Wechsel von einem ruhigen, isolierten Umfeld an einen solchen Arbeitsplatz fördert demnach die Konzentration, erhöht die Kreativität bei der Problemlösung und verbessert die Leistungsfähigkeit. Im Rahmen von zahlreichen wissenschaftlichen Studien wurde dazu die Arbeitsweise von Studenten und Büroangestellten untersucht.[34] Die Testpersonen wurden aus ihrem üblichen Arbeitsumfeld herausgeholt und dazu aufgefordert, in nahe gelegenen Coffeeshops weiterzuarbeiten. Daher stammt der Name. Durchweg alle Studienteilnehmer zeigten eine verbesserte Performance und waren nach dem Experiment sogar zufriedener als zuvor. Daher solltest du diesen Mechanismus ebenfalls nutzen.

Tausche dazu dein Büro, das Homeoffice oder die Couch für eine kurze Zeit gegen einen produktiveren Ort ein. Es muss nicht – wie im Original – der Coffeeshop sein. Es kommt nur darauf an, dass du dich in der neuen Umgebung konzentrieren kannst. Das ruhige Restaurant um die Ecke, die Bank im Park oder die Stadtbibliothek: Das alles sind Orte, an die du dich zurückziehen kannst, wenn du ungestört denken oder arbeiten möchtest. Es sind Oasen der Ruhe. Niemand belästigt dich und die üblichen Ablenkungen verstummen. Dazu ist es unerlässlich, dass du ein konkretes Ziel festlegst, bevor du losziehst (siehe Kapitel 3). Andernfalls wirst du dich nicht fokussieren können und deine alten Verhaltensmuster holen dich schnell wieder ein. Achte zudem darauf, dass deine neue Umgebung eine moderate Geräuschkulisse aufweist. Dies stärkt den eingangs erwähnten Studien zufolge deine Fähigkeit, Lösungen zu finden. Zu viel Lärm wirkt hingegen kontraproduktiv und stört deine Konzentration. Nimm für den Notfall Kopfhörer, Musik oder Ohrstöpsel mit. So kannst du den Lärmpegel individuell regulieren.

Die Anwesenheit anderer arbeitender Menschen in der unmittelbaren Nähe wirkt ebenfalls produktivitätsfördernd. Untersuchungen zeigen, dass geistige Anstrengung sozusagen ansteckend ist. Es reicht demnach schon aus, sich unter Menschen zu begeben, die hart arbeiten, um sich selbst zu höherer Produktivität anzutreiben. In einem schrillen Hipster-Café oder bei McDonald's wirst du allerdings selten effizient arbeiten können. Such daher gezielt nach Menschen, die ähnliche Ziele wie du verfolgen, und schließ dich ihnen an.

Womöglich verliert dein neuer Ort zum Denken nach einer gewissen Zeit seinen Produktivitätszauber. Sobald sich wieder störende Gewohnheiten etablieren oder einige der Rahmenbedingungen nicht mehr passen, solltest du deine Sachen packen und weiterziehen. Der Coffeeshop-Effekt wirkt immer nur für eine begrenzte Dauer – danach musst du ihn neu entfachen.

TO-DO
Mach dir den Coffeeshop–Effekt zunutze und verlagere deinen Arbeitsplatz für eine Stunde an einen anderen Ort!

VIP-LISTE

Neben unproduktiven Gewohnheiten und ungünstigen Rahmenbedingungen gibt es einen weiteren Faktor, der deine freie Zeit verschlingt: Menschen, die dir nicht guttun. Grundsätzlich gibt es zwei Arten von Personen in deinem Leben: Die einen sorgen dafür, dass ihr gemeinsam über euch hinauswachsen könnt und zusammen mehr schafft als jeder für sich allein; die anderen zapfen deine Energie an, nutzen dich aus und stehlen deine Zeit. Diese Menschen sind nicht bereichernd oder hilfreich – sondern nur lästig. Sie rauben deine Kraft und zerstören deine Motivation. Ganz langsam. Wie eine kleine Dosis Gift, die dir jemand immer wieder heimlich verabreicht.

Leider verbringen wir im Alltag tendenziell zu viel Zeit mit den Menschen der giftigen Kategorie. Aus Höflichkeit oder Unachtsamkeit lassen wir sie in unser Leben und schenken ihnen große Teile unserer kostbaren Zeit – nur um uns am Ende schlechter zu fühlen und keine Ressourcen mehr für unsere Lieblingsmenschen oder uns selbst übrig zu haben. Diesem Ungleichgewicht musst du entgegenwirken, wenn du mehr Freiraum in deinem Leben haben möchtest. Das Konzept der VIP-Liste kann dir dabei helfen.

In meinem Buch *24/7-Zeitmanagement* habe ich zum ersten Mal über die VIP-Liste geschrieben: [35] Stell dir dein Leben als einen exklusiven Nachtklub vor. Jeder will hinein – gute Menschen, unbekannte Menschen und giftige Menschen –, doch es gibt nicht ausreichend Platz für alle. Das heißt: Es muss gefiltert werden. Daher erhalten die Türsteher die Anweisung, nur noch diejenigen Besucher hereinzulassen, die erwünscht sind und auf der Gästeliste stehen. Diese ist deine persönliche VIP-Liste. Sie ist eine Schutzvorrichtung gegen unerwünschte Zeitdiebe, die sich in dein Leben drängen wollen, obwohl sie gar keinen Platz verdient haben. Nervige Kollegen, der unlustige Onkel, die aufdringlichen

Nachbarn, der seltsame Freund eines Freundes: alles ungebetene Gäste. Auf deiner VIP-Liste stehen hingegen nur Menschen, die dir guttun: dein Partner, enge Familienmitglieder, beste Freunde, die Lieblingskollegin – von mir aus auch dein Chef. Diese Menschen kommen an den Türstehern vorbei; sie erhalten sogar ein goldenes VIP-Armbändchen, damit sie jederzeit wiederkommen können.

Sobald du diese Vorauswahl triffst und dir darüber bewusst wirst, welchen Menschen du deine Zeit schenkst, kannst du eine spürbare Entlastung in die Wege leiten. Erstelle dazu eine persönliche VIP-Liste und lege fest, mit welchen Menschen du deine Zeit verbringen möchtest. Du kannst auch andersherum vorgehen und eine schwarze Liste anlegen, auf der alle Menschen stehen, die dir nicht guttun. Das sind alle Personen, die bei dir regelmäßig für schlechte Stimmung sorgen oder die deine Zeit und Energie verschwenden. Diese Menschen kannst du dann einfacher meiden und lässt dich weniger häufig von ihnen überrumpeln. Sieh dazu deinen Kalender, dein E-Mail-Programm und deine Chat-Apps durch und erstelle eine Liste mit allen Menschen, mit denen du innerhalb der letzten zwölf Monate mehr als eine Stunde Zeit verbracht hast. Ordne diese Auswahl nach Kontaktzeit und beginne mit den Menschen, mit denen du am meisten Zeit verbracht hast. Danach bestimmst du, wer es auf deine VIP-Liste schafft – und wer nicht. Halte deine Auswahl schriftlich fest und überprüfe sie von Zeit zu Zeit.

TO-DO

Erstelle deine persönliche VIP–Liste und konzentriere dich ausschließlich auf die Menschen, die dir guttun!

ZUSAMMENFASSUNG

In diesem Kapitel hast du gelernt, wie du in deinem Alltag Freiräume zum Nachdenken schaffen kannst. Du weißt nun, wie du deinen Kalender entrümpeln, dein Umfeld neu sortieren und deine Ressourcen besser aufteilen kannst, um mehr Zeit für dich zu haben:

- Freie Zeiten und regelmäßige Phasen für Selbstreflexion erhältst du nur, indem du Freiräume in deinem Alltag schaffst.

- Mithilfe von Time Blocking kannst du ähnliche Aufgaben in Zeitblöcken zusammenlegen, diese der Priorität nach ordnen und dann konzentriert abarbeiten.

- Vereinbare Termine mit dir selbst, um deinen neu gewonnenen Freiräumen die nötige Verbindlichkeit zu verleihen.

- Im Rahmen einer stillen Stunde kapselst du dich für einen festgelegten Zeitraum von deiner Umwelt ab und arbeitest in einem Zustand höchster Konzentration.

- Mit der Fuß-in-der-Tür-Taktik kannst du Freiräume heraushandeln, indem du deinem Gegenüber kleine Zugeständnisse abringst, die sich in der Folge als dauerhafte Muster etablieren können.

- Der Coffeeshop-Effekt beschreibt das Phänomen, dass die eigene Produktivität durch das Arbeiten in einer neuen, belebten Atmosphäre spürbar zunimmt.

- Mithilfe deiner persönlichen VIP-Liste entscheidest du, mit welchen Menschen du Zeit verbringen möchtest – und mit welchen nicht.

KAPITEL 12

INSPIRATION

EINLEITUNG

Endlich hast du Zeit – Zeit zum Nachdenken! Dein neues Zeitmanagement ermöglicht dir nicht nur eine produktivere Arbeitsweise, es sorgt zudem für den nötigen Freiraum, um kluge Ideen zu entwickeln. Diese Ideen sind der Schlüssel zu deiner Zukunft. Sie werden dir dabei helfen, deine persönlichen Ziele zu erreichen und deine Vision (siehe Kapitel 2) wahr werden zu lassen. Ideen liefern die Antworten auf deine wichtigsten Lebensfragen: Wie wird meine Zukunft aussehen? Was möchte ich im nächsten Jahr erreichen? Wo sehe ich mich in drei, fünf oder zehn Jahren? Wie kann ich meine Partnerschaft verbessern? Auf welchen Wegen kann ich finanziell unabhängig werden? Wie gelingt es mir, an meiner Gesundheit zu arbeiten, mehr Sport zu treiben und meinem Schlafmangel entgegenzuwirken? Und so weiter.

Auch kurzfristige und pragmatische Probleme können auf deine neue Agenda vorrücken, etwa: Wie kann ich mein Einkommen erhöhen? Welche Möglichkeiten habe ich, mein Kind besser zu unterstützen? Wie schaffe ich es, eine Weltreise zu organisieren? Warum sind meine Kunden unzufrieden? Wie kann ich mehr mit meinen Freundinnen unternehmen? Die Zahl der Möglichkeiten, die in den Fokus rücken können, ist schier endlos.

Doch wann hast du dich das letzte Mal zurückgezogen und in Ruhe über solche Dinge nachgedacht? Und was ist dabei herausgekommen? Wenn es dir wie den meisten Menschen geht, wirst du dich viel zu selten mit den wirklich wichtigen Aspekten deines Lebens auseinandersetzen. Nicht weil du zu faul wärst – bisher fehlte dir die Zeit. Nun, dieses Problem haben wir gelöst. Doch jetzt wartet ein weiteres Hindernis auf dich: Woher sollst du diese neuen Ideen nehmen? Woher kommt die Inspiration? Und ist es überhaupt möglich, in kürzester Zeit zu einem menschlichen Ideengenerator zu werden?

Einfache Antwort: aber sicher. Es ist wie so oft nur eine Frage der Technik. Aus diesem Grund sehen wir uns in diesem Kapitel verschiedene Methoden an, mit deren Hilfe du in kurzer Zeit viele kreative Ideen entwickeln kannst, die einen nachhaltigen Wert für dein Leben bieten. Kreativität bedeutet in diesem Zusammenhang jedoch nicht, dass du eine Coco Chanel, ein Pablo Picasso oder ein Johann Wolfgang von Goethe werden musst. Es geht vielmehr darum, funktionale Lösungsansätze für deine wichtigsten Fragen und Probleme herzuleiten und diese in die Tat umzusetzen. Es geht um Inspiration und Systematik – eine Mischung, die es in sich hat und die dein volles Potenzial freisetzen wird.

ÜBERBLICK

In diesem Kapitel lernst du,

- wie du eine persönliche SWOT–Analyse durchführst.
- was sich hinter dem Begriff »Mindstorming« verbirgt und wie du mithilfe dieser Methode viele Ideen generierst.
- wie du Ursachenketten bildest und damit neue Lösungsansätze für deine Probleme aufdeckst.
- warum du regelmäßig nullbasiertes Denken anwenden solltest und wie du dabei vorgehen kannst.
- wie du mithilfe der Plus–Minus–Gleich–Regel deine persönliche Entwicklung unbegrenzt vorantreiben kannst.

SWOT-ANALYSE

Zu Beginn deiner Ideenfindungsphase solltest du eine persönliche Standortbestimmung vornehmen, indem du deine aktuelle Situation analysierst. Dazu kannst du auf ein bekanntes Werkzeug aus dem Projektmanagement zurückgreifen: die SWOT-Analyse. Das Akronym SWOT steht für:

- S: Strengths (Stärken)
- W: Weaknesses (Schwächen)
- O: Opportunities (Chancen)
- T: Threats (Risiken)

Mithilfe dieses Analysetools kannst du deine aktuellen Fähigkeiten skizzieren (Stärken und Schwächen), Entwicklungen deines Umfelds berücksichtigen (Chancen und Risiken) und daraus eine strategische Planung für die Zukunft ableiten. Dazu entscheidest du dich zunächst für einen Bereich oder eine wichtige Frage in deinem Leben und betrachtest sie anschließend nach diesen vier Kategorien. Zum Beispiel könntest du deine Position im aktuellen Beruf unter die Lupe nehmen. Die Stärken werden typischerweise zuerst bestimmt. Dazu kannst du dich fragen: Was mache ich im Moment richtig gut? Was unterscheidet mich positiv von anderen? Welche Fähigkeiten garantieren meinen Erfolg? Was sind meine Vorteile?

Anschließend nimmst du die entgegengesetzte Perspektive ein und analysierst deine Schwächen. Frag dich dazu: In welchen Bereichen werde ich kritisiert? Was können andere besser als ich? Worin bestehen meine Nachteile? Im Anschluss stellst du mögliche Chancen zusammen: Welche Karrierechancen hält mein Job für mich bereit? Welche Entwicklungen sind möglich? Welche positiven Begleiterscheinungen (Gehalt, Arbeitszeit et cetera) können eintreten?

Versuche, in dieser Kategorie weit zu denken, und schließ selbst die unwahrscheinlichsten Chancen in deine Überlegungen mit ein. Gleiches gilt für die letzte Kategorie: die Risiken. Trag auch hier alle Möglichkeiten zusammen und frag dich: Vor welchen kritischen Herausforderungen stehe ich? Was könnte mich stark fordern oder überfordern? Welche unvorhersehbaren Situationen könnten eintreten? An welchen Stellen lauern Gefahren? Die möglichen Antworten innerhalb der vier Kategorien solltest du schriftlich auf einer Liste festhalten und mehrmals überarbeiten. Häufig bilden sich erst im zweiten oder dritten Durchgang vielversprechende Antworten heraus. In einem weiteren Schritt kannst du Überschneidungen feststellen und diese nach der sogenannten SWOT-Matrix sortieren:

	Chancen	Risiken
Stärken	ausbauen	absichern
Schwächen	aufholen	meiden

Durch die Kombination der Kategorien ergibt sich jeweils eine konkrete Handlungsstrategie. So kannst du beispielsweise einige Stärken als Chance nutzen und andere Stärken gegen mögliche Risiken einsetzen. Gleichermaßen kannst du bei den Schwächen aufholen und sie damit als Chance wahrnehmen oder eine risikoaverse Strategie wählen.

TO-DO

Führe eine persönliche SWOT–Analyse durch und bestimme Stärken, Schwächen, Chancen und Risiken in einem Lebensbereich oder einem wichtigen Projekt!

W W W

Zu deinem Entschluss, dein Leben zu verbessern und zukünftig neue Wege zu gehen, gehört Kreativität. Und Kreativität entsteht nur mit einer ordentlichen Portion Vorstellungsvermögen. Aus diesem Grund schieben wir jetzt die Realität für einen kurzem Moment zur Seite und machen einen Abstecher in die Welt der Fantasie. Das Gute daran ist: Hier gelten keine normalen Gesetze – es herrschen die drei Ws: Was wäre, wenn …? Was-wäre-wenn-Fragen bringen dich dazu, in Szenarien zu denken, die grundsätzlich unrealistisch sind oder nicht eintreten können. Allerdings kannst du auf diese Weise Chancen oder Probleme identifizieren, mit denen du dich auch im richtigen Leben konfrontiert sehen könntest. Damit bereitest du dich gedanklich vor und kannst passende Handlungsoptionen auf deine reale Situation übertragen. Drei Szenarien sind besonders nützlich:

- Worst Case
- Best Case
- Zero-based Thinking

Mit einem Worst-Case-Szenario definierst du deinen persönlichen Albtraum in Bezug auf einen Lebensbereich oder ein wichtiges Projekt. Du fragst dich: »Was wäre, wenn alles schiefgeht?« und malst dir diesen Zustand vor deinem geistigen Auge aus. Sei komplett pessimistisch und zeichne ein düsteres Bild deiner Zukunft. Was könnte im schlimmsten Fall passieren? Welche Wendungen wären katastrophal für deinen Erfolg? Worüber würdest du dich am meisten ärgern? Dieses Vorgehen ist im ersten Moment nicht besonders förderlich, doch schon nach kurzer Zeit wird dein Gehirn fast automatisch dazu übergehen, nach Lösungen zu suchen. Du wirst ganz von selbst darüber nachdenken, wie du deine Lage verbessern und doch noch zum Guten wenden könntest. Dazu eine zusammengefasste Idee von John Paul Getty, einem inzwischen verstorbenen US-Milliardär: »Mein Erfolgsgeheimnis? Erstens überlege ich vor jedem Geschäftsabschluss, was das Schlimmste wäre, das passieren könnte, und zweitens stelle ich sicher, dass genau das nicht passiert.«[36] Ein beruhigender Gedanke, oder?

Bei der Konstruktion eines Best-Case-Szenarios gehst du genau andersherum vor: Was wäre, wenn alles optimal läuft? Überlege dir, was im besten Fall passieren könnte. Welche Schritte würden dazu führen, dass es genau so kommt wie in deiner Wunschvorstellung? Auf welche kritischen Erfolgsgrößen solltest du ganz genau achten? Wer könnte dir beim Erreichen deines Ziels helfen? Und wie kannst du kurzfristige Rückschläge überwinden, ohne großen Schaden zu nehmen? Ein Best-Case-Szenario richtet deinen Blick noch stärker auf neue Ideen und treibt dich dazu an, aktiv zu werden.

Zero-based Thinking (nullbasiertes Denken) bringt dich dazu, deine Entscheidungen zu analysieren und eingefahrene Verhaltensmuster zu ändern.[37] Du reist dabei in die Vergangenheit und stellst dir die Frage:»Gibt es etwas, das ich nach meinem heutigen Wissensstand anders machen oder gar nicht erst anfangen würde, wenn ich noch mal vor der Entscheidung stünde?« Oder:»Was wäre, wenn ich noch mal von vorne beginnen könnte?« Die Antworten darauf zeigen dir, wie du deine zukünftigen Handlungen ausrichten solltest.

TO-DO

Denke in Szenarien und setze drei Was–wäre–wenn–Fragen ein! Leite daraus konkrete Ideen für deine aktuelle Lage ab!

MINDSTORMING

»Brainstorming« wird dir mit Sicherheit ein Begriff sein. Aber wie sieht es mit Mindstorming aus? Beim Mindstorming entfesselst du deine geistige Kreativität und entwickelst in kürzester Zeit eine Fülle von Ideen. In den Werken von Brian Tracy habe ich zum ersten Mal von dieser Methode gelesen.[38] Seitdem wende ich sie regelmäßig an – mit großartigen Ergebnissen. Mindstorming funktioniert folgendermaßen: Im ersten Schritt bestimmst du ein Ziel und formulierst es als Frage. Dazu kannst du eine Formulierungshilfe aus Kapitel 3 verwenden, damit deine Zielfrage möglichst konkret und präzise wird. Zum Beispiel:

- Wie kann ich es anstellen, jeden Tag zwei Stunden weniger zu arbeiten und trotzdem mehr zu schaffen?

Deine Frage sollte ambitioniert sein, damit du mental neue Wege einschlagen musst. Als Nächstes suchst du zwanzig verschiedene Antworten auf deine Frage. Diese Ideen solltest du als konkrete Aktivitäten schriftlich formulieren. Die ersten fünf Antworten werden dir leichtfallen. Wahrscheinlich beginnst du in etwa so:

- Konzentrierter arbeiten
- Weniger von der Arbeit ablenken lassen
- Häufiger Nein zu den Kollegen sagen
- Den eigenen Tagesablauf besser planen
- Bei kleinen Aufgaben weniger perfektionistisch sein

Nach den ersten Antworten nimmt die Schwierigkeit erfahrungsgemäß zu. Die Entwicklung der nächsten fünf Ideen wird dir deutlich schwerer fallen und bei den letzten zehn Ideen wirst du regelrecht kämpfen müssen. Trotzdem solltest du dabeibleiben und diesen Prozess nicht beenden, bevor du zwanzig Antworten gefunden hast.

Nun ist deine Kreativität gefragt: Du brauchst Ideen, die nicht zu deinen alltäglichen Handlungen passen. Dazu kannst du etwa einige Antworten ins Gegenteil verkehren:

- Weniger Pausen machen
- Mehr kurze Pausen einlegen (um eine bessere Leistungsfähigkeit aufrechtzuerhalten, vergleiche Kapitel 6)

Oder du formulierst deine Ansätze folgendermaßen:

- Weniger Zeit mit kleinen Kunden verbringen
- Mehr Zeit mit großen Kunden verbringen (weil dadurch der Umsatz überproportional steigen könnte und ich insgesamt weniger Aufwand habe, vergleiche Pareto-Prinzip aus Kapitel 4)

Nimm dir für deine Antworten ruhig etwas Zeit, lass deine Gedanken schweifen und schließ keine Ideen aus – egal wie absurd sie im ersten Moment erscheinen mögen. Sobald du zwanzig Antworten gefunden hast, siehst du deine Liste durch und wählst eine Aktivität aus, um diese sofort umzusetzen. Das Mindstorming darf keine theoretische Angelegenheit bleiben. Du solltest sofort aktiv werden und den Schwung aus deiner kreativen Phase mitnehmen. Dadurch steigt deine Handlungsbereitschaft und du wirst stärker motiviert, diesen Vorgang zur Gewohnheit werden zu lassen.

TO-DO

Führe ein Mindstorming durch und beantworte eine Zielfrage, indem du zwanzig konkrete Ideen findest! Handle anschließend sofort!

URSACHENFORSCHUNG

Die Methodik des Mindstormings liefert dir Ideen zu konkreten Fragestellungen. Manchmal liegen die wirklich wichtigen Fragen des Lebens jedoch nicht auf der Hand. Sie werden verdeckt durch Nebensächlichkeiten und müssen erst herausgearbeitet werden. In diesen Fällen musst du zunächst Ursachenforschung betreiben, um dem Kern eines möglichen Problems auf den Grund zu gehen. Eine einfache Fragestrategie, die bei diesem Unterfangen von großem Nutzen sein kann, beschreibt der Bestsellerautor Brian Tracy.[39]

Ihm zufolge ist es notwendig, ein Problem auf mehrere Weisen zu definieren. Ausgehend von einer Anfangsformulierung, deckst du mithilfe der Frage »Was sonst könnte das Problem sein?« weitere Ursachen auf. Durch wiederholtes Fragen bohrst du dabei immer tiefer und stößt schon nach kurzer Zeit auf den Kern deiner Schwierigkeiten. Jedes Mal, wenn du analysieren möchtest, warum du ein bestimmtes Ziel in deinem Leben nicht erreicht hast, oder herausfinden willst, weshalb dich einige Hindernisse immer wieder ausbremsen, kannst du diese Ursachenkette bilden und für Klarheit sorgen. Wenn es dir zum Beispiel nicht gelingt, dein Zeitmanagement zu verbessern, könntest du folgende Anfangsfrage stellen:

- Warum schaffe ich es nicht, jeden Tag zwei Stunden Zeit einzusparen?

Die erste Antwort darauf könnte lauten:

- Ich arbeite nicht produktiv genug.

Damit gibst du dich nicht zufrieden, sondern wendest die Was-sonst-könnte-das-Problem-sein-Fragetechnik an und gehst damit der wahren Ursache auf den Grund.

Das könnte nach ein paar Durchgängen so aussehen:

- Ich arbeite nicht produktiv genug. *Was sonst könnte das Problem sein?* Ich bin häufig unkonzentriert. *Was sonst könnte das Problem sein?* Ich reagiere schnell auf Ablenkungen. *Was sonst könnte das Problem sein?* Ich verliere den Faden, sobald ich mich lange mit einer Aufgabe beschäftige. *Was sonst könnte das Problem sein?* Ich plane meine Arbeit nicht, bevor ich anfange.

Aha! Hier könnte eine Ursache für die geringe Produktivität liegen: schlechte Planung (vergleiche dazu auch Kapitel 7). An diesem Punkt kannst du direkt ansetzen und ein Mindstorming durchführen zu der Frage: »Wie kann ich meine Aufgaben besser planen und strukturierter abarbeiten?« Jedes Problem kannst du auf diese Weise sezieren, bis die wahre Ursache zutage tritt. Zur Veranschaulichung noch ein Beispiel mit der Frage: Warum mache ich zu wenig Sport?

- Ich habe nach der Arbeit keine Lust mehr. *Was sonst könnte das Problem sein?* Ich bin müde und kann mich nicht motivieren. *Was sonst könnte das Problem sein?* Ich arbeite zu viel. *Was sonst könnte das Problem sein?* Ich mache zu wenig Pausen. *Was sonst könnte das Problem sein?* Ich esse nie zu Mittag, ernähre mich ausschließlich von Snacks und trinke zu wenig Wasser …

TO-DO

Bilde eine Ursachenkette und geh einem ungelösten Problem auf den Grund! Werde sofort aktiv und arbeite an der Lösung!

PLUS-MINUS-GLEICH-REGEL

Wenn du dich kontinuierlich weiterentwickeln möchtest, musst
du für einen anhaltenden Lernprozess in deinem Leben sorgen.
Frank Shamrock kann dir dabei helfen. Keine Sorge, ich kann-
te ihn auch nicht, bis ich vor Kurzem von seiner Plus-Minus-
Gleich-Regel las.[40] Shamrock ist einer der erfolgreichsten Mixed-
Martial-Arts-Kämpfer aller Zeiten. Mittlerweile nimmt das Kampf-
sportass nicht mehr aktiv an Wettkämpfen teil, sondern trainiert
stattdessen junge Talente. Für die Ausbildung dieser Nachwuchs-
kämpfer hat Shamrock ein Konzept entwickelt, das er »Plus-Minus-Gleich-Regel« nennt:

>»Jeder Schüler muss jemanden haben, der besser ist und von
> dem er lernen kann, jemanden, der schlechter ist und den er
> unterrichten kann, und jemanden, der gleich stark ist und an
> dem er sich messen kann.«

Plus. Minus. Gleich. Diese drei Komponenten in Bezug auf die
Leistungsfähigkeit müssen im Umfeld der Schüler vorhanden sein.
Nur auf diese Weise erhalten die Lernenden realistisches und di-
rektes Feedback zu ihrem Fortschritt – und zwar aus jeder möglichen Perspektive. Dadurch ist es unmöglich, nicht zu wachsen.
Und genauso solltest du dein Umfeld auch auswählen. Schauen
wir uns diese Bestandteile etwas genauer an.

Wenn du dich im Job, Studium oder Sportverein mit Menschen
umgibst, die bessere Leistungen erzielen als du, kannst du von ih-
nen lernen und dir ihre Gewohnheiten aneignen. Du kannst diese
Personen als Vorbilder betrachten und ihnen nacheifern. Wenn du
dabei zielgerichtet vorgehst, wird es nicht lange dauern, und ihre
Techniken werden dir in Fleisch und Blut übergehen. Um diesen
Effekt zu verstärken, kannst du zu einem einfachen Mittel greifen:
Sprich dein Vorhaben offen und ehrlich an. Bitte eine Freundin

oder einen Kollegen, der in einem Bereich erfolgreicher ist als du, darum, dein Mentor zu sein. Frag ihn, was er genau macht, wie er arbeitet und was er sich dabei denkt.

Ebenso bringt es Vorteile mit sich, wenn du dich mit Menschen austauschst, die sich aktuell unter deinem Leistungsniveau befinden. Nicht, damit du dich überlegen fühlen darfst und diesen »Dummköpfen« zeigen kannst, wie klug und talentiert du bist – sondern damit du deine Tipps und Tricks weitergeben und dadurch verfeinern kannst. Du hilfst sozusagen anderen und dir selbst, weil du deine Fähigkeiten zur Verfügung stellst und sie damit auf ein neues Level bringst. Schlüpfst du in die Rolle des Dozenten und erklärst anderen dein Fachgebiet, wirst du diese Inhalte zu 99 Prozent nie wieder vergessen und kannst Selbstverständliches aus einer neuen Perspektive betrachten.

Auch mit gleich starken Menschen solltest du dich umgeben. Ziel dabei ist es, eine produktive Wettkampfatmosphäre zu schaffen, in der ihr euch gegenseitig zu Hochleistungen antreiben und gemeinsam wachsen könnt. Nur durch diesen direkten Vergleich wird es dir gelingen, bessere Ergebnisse zu produzieren und schneller zu lernen als jemals zuvor – ohne dass dabei eure Kollegialität oder Freundschaft leiden muss.

Dein Umfeld hat großen Einfluss auf deine persönliche Weiterentwicklung und kann eine unerschöpfliche Quelle der Inspiration sein. Mithilfe der Plus-Minus-Gleich-Regel kannst du diesen Umstand optimal nutzen und dein Leben lang wachsen.

TO-DO

Beherzige die Plus–Minus–Gleich–Regel und umgib dich mit Menschen, an denen du wachsen kannst!

ZUSAMMENFASSUNG

In diesem Kapitel hast du gelernt, wie du in deiner gewonnenen Zeit strategisch nachdenken und neue Ideen generieren kannst. Dazu hast du, ausgehend von einer Positionsanalyse, verschiedene Kreativitätstechniken kennengelernt, die du jederzeit anwenden und zur persönlichen Weiterentwicklung nutzen kannst:

- Mit der nötigen Inspiration und Systematik kannst du auf Knopfdruck zu einem menschlichen Ideengenerator werden.

- Mithilfe der SWOT-Analyse kannst du deine Stärken, Schwächen, Chancen und Risiken bestimmen.

- Aus den Kombinationen der SWOT-Kategorien ergeben sich die Strategien ausbauen, aufholen, absichern und meiden.

- Was-wäre-wenn-Fragen bringen dich dazu, Szenarien gedanklich durchzuspielen, die dir zukünftige Handlungsoptionen offenbaren.

- Besonders wirkungsvolle Gedankenexperimente liefern das Worst-Case- und Best-Case-Szenario sowie der Zero-based-Thinking-Ansatz.

- Beim Mindstorming formulierst du eine Zielfrage und sammelst anschließend zwanzig konkrete Antworten.

- Mithilfe der Frage »Was könnte sonst das Problem sein?« bildest du eine Ursachenkette und gehst möglichen Problemursachen auf den Grund.

- Die Plus-Minus-Gleich-Regel besagt, dass du dich mit Menschen umgeben solltest, die in einem bestimmten Bereich besser, schwächer oder gleich stark sind.

SCHLUSSWORT

CLEVER STATT BUSY

Es ist geschafft. Willkommen in deinem neuen Leben! Ein bisschen pathetisch – ich weiß. Aber mal ehrlich: Erinnerst du dich noch daran, wie du vor deiner *Busy-is-the-new-stupid*-Therapie regelmäßig an deiner To-do-Liste verzweifelt bist? Denk an das Gefühl der Ohnmacht, welches ein prall gefüllter Kalender in dir ausgelöst hat. Die Überstunden, die Schuldgefühle, das dumme Beschäftigtsein. All das ist ein für alle Mal vorbei, wenn du die Methoden aus diesem Buch verinnerlichst und – Achtung! – regelmäßig anwendest.

Wenn du deine Produktivität dauerhaft verbessern und ein aufregendes Leben führen möchtest, musst du aktiv werden. Du musst handeln und um deine Zeit kämpfen. Denn Zeit bedeutet Freiheit. Und deine persönliche Freiheit wird am Schreibtisch verteidigt. Tag für Tag. Dieses Buch liefert dir alles, was du dazu brauchst. Es ist deine Geheimwaffe gegen blinden Aktionismus, Überforderung und Burn-out. Es enthält alle Werkzeuge, die du brauchst, um kluge Entscheidungen zu treffen und deine Lebenszeit selbst in die Hand zu nehmen. Und zwar so, dass du nicht nur erfolgreich, sondern auch glücklich wirst. Beschäftigtsein war gestern – »Clever statt busy« lautet dein neues Motto!

Angefangen hat alles mit einer gründlichen Gehirnwäsche. Wir haben dem Beschäftigungswahn die Stirn geboten, deine Busy Costs ausgerechnet und die Not-to-do-Liste eingeführt. Es folgte dein persönlicher Neuanfang: Vision, Global Picture und Traumpläne haben deine neue Ausrichtung eingeleitet und zeigten dir den Weg in die Zukunft. Danach haben wir Ziele definiert, mit den Techniken Drei-P, SMART, AMORE und MAGIE – erinnerst du dich? Doch Ziele sind nichts ohne Prioritäten. Du hast die Fokus-Frage kennengelernt, die komisch aussehende Nutzwertformel eingesetzt und den Ivy-Lee-Algorithmus ausprobiert. Eisenhower und Pareto waren auch dabei, denn ganz ohne Klassiker geht es nicht. Danach haben wir Pläne geschmiedet. Du weißt nun, was ein Gantt-Chart ist, wie die ALPEN-Methode funktioniert und weshalb du auf Deadlines, Aufgabenblöcke sowie die drei Säulen der Vorbereitung setzen solltest. Im Anschluss haben wir konzentrationssteigernde Maßnahmen eingeleitet: die Analyse deines Biorhythmus, Singletasking und die Pomodoro-Technik. Außerdem haben wir über Pausen und Abschottung nachgedacht.

Einen Blick auf die fünf größten Profizeitkiller haben wir auch riskiert – einer gefährlicher als der andere. Perfektionismus, planloses Handeln, Mind Wandering, News und die chaotische Ablage stehen ab sofort auf deiner Most-wanted-Liste. Das Nein-Sagen fällt dir nicht mehr schwer. Du kennst das Zauberwort (weil), weißt, wie du ein Nein verhandeln kannst und hast dich mit dem Fünf-Sekunden-Nein angefreundet. Danach hast du nicht »Auf jeden Fall!«, sondern »Nein« zur Prokrastination gesagt. Dein innerer Kritiker wurde erwürgt (R. I. P.) und ein mentaler Schutzschild geschmiedet. Zudem befinden sich ab sofort die Rubikon-Methode und die Fünf-Minuten-Regel in deinem geistigen Repertoire.

Wäre das nicht schon Motivation genug, hast du dir zusätzlich ein persönliches Anreizsystem (Belohnungen und Strafen) überlegt, Goal Tracking für dich entdeckt und den Nutzen einer Stoppuhr kennengelernt. Kettenregel und Erfolgsjournal helfen dir außerdem dabei, langfristig motiviert zu bleiben, denn nur so wirst du dauerhaft für Freiraum sorgen können. Die stille Stunde, Termine mit dir selbst und die Fuß-in-der-Tür-Taktik sind deine neuen Zeitretter, wenn Störquellen sich regelmäßig zwischen dich und deine Produktivität stellen wollen. In Kombination mit der VIP-Liste und dem Coffeeshop-Effekt wirst du ab jetzt immer genug Zeit zum Nachdenken haben.

Apropos Nachdenken: Du hast eine SWOT-Analyse durchgeführt, verschiedene Szenarien durchgespielt und mal eben zwanzig Ideen mithilfe der Mindstorming-Methode aus dem Ärmel geschüttelt. Darüber hinaus weißt du jetzt, wie du Ursachenketten bildest und warum die Plus-Minus-Gleich-Regel für eine nachhaltige persönliche Weiterentwicklung sorgt. Insgesamt hast du dich durch zwölf Kapitel, sechzig methodische Ansätze und genauso viele To-dos gearbeitet. Ich wette, zwischendurch war das gar nicht so einfach. Aber du hast nicht aufgegeben. Respekt dafür, dass du durchgehalten hast. High Five.

Zum Schluss habe ich noch eine Bitte an dich: Mach weiter! Gib dich nicht mit dem aktuellen Stand zufrieden, sondern arbeite auch zukünftig an deinem Zeitmanagement. Du musst kein Warren Buffett oder Bill Gates sein, um ein wertvolles Leben zu führen. Es reicht schon aus, wenn du jeden Tag einen kleinen Schritt in die richtige Richtung machst. Versuche, produktiv und klug zu handeln. Setze deinen Kopf zum Denken und nicht nur zum Abnicken der nächsten PowerPoint-Präsentation ein. Umgib dich mit Menschen, die dir guttun und achte auf deine Gewohnheiten. Behalte deine Zeit im Griff, sei kreativ und lebe selbstbestimmt. Das ist es, was ein außergewöhnliches Leben ausmacht.

Dabei wünsche ich dir maximalen Erfolg.

Tim Reichel

LITERATURTIPPS

Dieses Buch ist eine komprimierte Zusammenstellung der wichtigsten und hilfreichsten Methoden, um ein erfolgreiches und stressfreies Leben zu führen. Als Ergänzung dazu habe ich zu jedem Kapitel weiterführende und interessante Bücher recherchiert, damit du dich nach Wunsch in eine bestimmte Thematik vertieft einarbeiten kannst. Für weitere Informationen zu den Themen Zeitmanagement, Selbstorganisation und Persönlichkeitsentwicklung sind diese Werke uneingeschränkt zu empfehlen. Ich selbst habe jedes dieser Bücher gelesen – die meisten sogar mehrmals.

Kapitel 1 – Gehirnwäsche

- *Das Café am Rande der Welt* von John Strelecky (Deutscher Taschenbuch Verlag, 2007)

- *Die 4-Stunden-Woche* von Timothy Ferriss (Ullstein Taschenbuch, 2014)

- *Arbeite klüger – nicht härter!* von Ivan Blatter (Humboldt Verlag, 2017)

- *24/7-Zeitmanagement* von Tim Reichel (Studienscheiss Verlag, 2019)

Kapitel 2 – Neuanfang

- *Wenn du es eilig hast, gehe langsam* von Lothar Seiwert
  (Campus Verlag, 2018)

- *Simplify your life* von Werner T. Küstenmacher und Lothar Seiwert
  (Campus Verlag, 2006)

- *Das Hindernis ist der Weg* von Ryan Holiday
  (Herder Verlag, 2017)

- *Perfekt! Der überlegene Weg zum Erfolg* von Robert Greene
  (Carl Hanser Verlag, 2013)

Kapitel 3 – Ziele

- *Ziele: Setzen Verfolgen Erreichen* von Brian Tracy
  (Campus Verlag, 2018)

- *Handbuch Projektmanagement* von Jürg Kuster et al.
  (Springer Verlag, 2018)

- *Setze dir größere Ziele* von Rainer Zitelmann
  (Redline Verlag, 2014)

- *Bachelor of Time* von Tim Reichel
  (Studienscheiss Verlag, 2016)

Kapitel 4 – Prioritäten

- *The One Thing* von Gary Keller und Jay Papasan
  (Redline Verlag, 2017)

- *Eat that Frog* von Brian Tracy
  (Gabal Verlag, 2019)

- *Die Kunst des klugen Handelns* von Rolf Dobelli
  (Deutscher Taschenbuch Verlag, 2017)

Kapitel 5 – Planung

- *Wie ich die Dinge geregelt kriege* von David Allen
  (Piper Verlag, 2015)

- *Dinge geregelt kriegen – ohne einen Funken Selbstdisziplin* von
  Kathrin Passig und Sascha Lobo
  (Rowohlt Taschenbuch Verlag, 2012)

- *Miracle Morning* von Hal Elrod
  (Irisiana Verlag, 2016)

Kapitel 6 – Fokus

- *Konzentriert arbeiten* von Cal Newport
  (Redline Verlag, 2017)

- *Die 7 Wege zur Effektivität* von Stephen R. Covey
  (Gabal Verlag, 2014)

- *Die Kunst des klaren Denkens* von Rolf Dobelli
  (Deutscher Taschenbuch Verlag, 2015)

Kapitel 7 – Profizeitkiller

- *Konzentration* von Marco v. Münchhausen
  (Gabal Verlag, 2019)

- *Die Kunst des digitalen Lebens* von Rolf Dobelli
  (Piper Verlag, 2019)

- *Digitaler Minimalismus* von Cal Newport
  (Redline Verlag, 2019)

- *Trottelfallen* von Siegbert Scheuermann
  (Brevier-Reihe Hirnschrittmacher, 2013)

Kapitel 8 – Nein

- *Sag nicht ja, wenn du nein sagen willst* von Herbert Fensterheim und Jean Baer
  (Wilhelm Goldmann Verlag, 2013)

- *Die subtile Kunst des darauf Scheißens* von Mark Manson
  (mvg Verlag, 2017)

- *Am Arsch vorbei geht auch ein Weg* von Alexandra Reinwarth
  (mvg Verlag, 2018)

- *Meisterkurs Rhetorik* von Benedikt Held
  (Redline Verlag, 2019)

Kapitel 9 – Entprokrastination

- *Von der Kunst, endlich anzufangen* von Philipp Barth
  (Rheinwerk Verlag, 2017)

- *Mach es einfach!* von Ilja Grzeskowitz
  (Gabal Verlag, 2016)

- *So zähmen Sie Ihren inneren Schweinehund* von Marco v.
  Münchhausen
  (Campus Verlag, 2005)

- *Arschtritt-Taktik* von Tim Reichel
  (Studienscheiss Verlag, 2017)

Kapitel 10 – Motivation

- *Tools der Titanen* von Timothy Ferriss
  (FinanzBuch Verlag, 2019)

- *Das Robbins Power Prinzip* von Anthony Robbins
  (Ullstein Verlag, 2004)

- *Smarter, schneller, besser* von Charles Duhigg
  (Redline Verlag, 2017)

- *Der tägliche Stoiker* von Ryan Holiday und Stephen Hanselman
  (FinanzBuch Verlag, 2017)

- *Atomic Habits* von James Clear
  (Avery Verlag, 2018)

Kapitel 11 – Freiraum

- *Die 4-Stunden-Woche* von Timothy Ferriss (Ullstein Taschenbuch, 2014)

- *Zeitmanagement* von Jörg Knoblauch et al. (Haufe Verlag, 2015)

Kapitel 12 – Inspiration

- *Thinking Big* von Brian Tracy (Gabal Verlag, 2018)

- *Tools der Titanen* von Timothy Ferriss (FinanzBuch Verlag, 2019)

- *Dein Ego ist dein Feind* von Ryan Holiday (FinanzBuch Verlag, 2018)

- *Der reichste Mann von Babylon* von George S. Clason (Wilhelm Goldmann Verlag, 2002)

- *12 Rules For Life* von Jordan B. Peterson (Wilhelm Goldmann Verlag, 2019)

- *Die Prinzipien des Erfolgs* von Ray Dalio (FinanzBuch Verlag, 2019)

QUELLEN

1 YouTube-Video Warren Buffet und Bill Gates. Online verfügbar unter: https://www.timreichel.de/busy-is-the-new-stupid-video.

2 Seiwert: *Zeit zu leben*, Gabal Verlag, 2. Auflage 2016, S. 28f.

3 Hinterhuber: *Wettbewerbsstrategie*, de Gruyter, 2. Auflage 1990, S. 156.

4 Tracy: *Ziele*, Campus Verlag, 1. Auflage 2018, S. 205f.

5 Seiwert: *Zeit zu leben*, Gabal Verlag, 2. Auflage 2016, S. 28f.

6 Ferriss: *Die 4-Stunden-Woche*, Ullstein Taschenbuch, 10. Auflage 2014, S. 72ff.

7 Tracy: *Ziele*, Campus Verlag, 1. Auflage 2018, S. 205f.

8 Keller, Papasan: *The One Thing*, Redline Verlag, 1. Auflage 2017, S. 114ff.

9 Ferriss: *Die 4-Stunden-Woche*, Ullstein Taschenbuch, 10. Auflage 2014, S. 94ff.

10 von Nitzsch: *Entscheidungslehre*, Mainz Verlag, 5. Auflage 2008, S. 146ff.

11 Hering: *Projektmanagement für Ingenieure*, Springer Fachmedien, 1. Auflage 2014, S. 22f.

12 Kuster et al.: *Handbuch Projektmanagement*, Springer Verlag, 4. Auflage 2019, S. 175f.

13 Seiwert: *Zeit zu leben*, Gabal Verlag, 2. Auflage 2016, S. 86f.

14 Knoblauch et al.: *Zeitmanagement*, Haufe Verlag, 3. Auflage 2015, S. 58f.

15 Seiwert: *30 Minuten Zeitmanagement*, Gabal Verlag, 18. Auflage 2012, S. 74ff.

16 Seiwert: *30 Minuten Zeitmanagement*, Gabal Verlag, 18. Auflage 2012, S. 72f.

17 Ferriss: *Die 4-Stunden-Woche*, Ullstein Taschenbuch, 10. Auflage 2014, S. 118.

18 Allen: *Wie ich die Dinge geregelt kriege*, Piper Verlag, 3. Auflage 2016, S. 140f.

19 von Münchhausen: *Konzentration*, Gabal Verlag, 3. Auflage 2019, S. 44f.

20 Metzinger: »Wie abgelenkt sind wir, Herr Metzinger?«, in: *Philosophie Magazin*, 2014, Nr. 2, S. 59.

21   von Münchhausen: *Konzentration*, Gabal Verlag, 3. Auflage 2019, S. 44f.

22   Dobelli: *Die Kunst des klugen Handelns*, dtv, 7. Auflage 2017, S. 209ff.

23   Dobelli: *Die Kunst des digitalen Lebens*, Piper Verlag, 1. Auflage 2019, S. 20ff.

24   Langer et al.: »The Mindlessness of Ostensibly Thoughtful Action«, in: *Journal of Personality and Social Psychology*, 1978, Jg. 36, Nr. 6, S. 635ff.

25   Ferriss: *Tools der Titanen*, FinanzBuch Verlag, 5. Auflage 2019, S. 221.

26   Ferriss: *Tools der Titanen*, FinanzBuch Verlag, 5. Auflage 2019, S. 423.

27   Dobelli: *Die Kunst des guten Lebens*, Piper Verlag, 10. Auflage 2018, S. 69ff.

28   Lowe: *Damn Right. Behind the Scenes with Berkshire Hathaway Billionaire Charlie Munger*, John Wiley and Sons, 1. Auflage 2000, S. 54.

29   Munger: *Poor Charlie's Almanack*, Donning, 1. Auflage 2006, S. 96.

30   Barth: *Von der Kunst, einfach anzufangen*, Rheinwerk Verlag, 1. Auflage 2018, S. 202f.

31   Holiday: *Der tägliche Stoiker*, FinanzBuch Verlag, 5. Auflage 2019, S. 158.

32   YouTube-Video Warren Buffet und Bill Gates. Online verfügbar unter: https://www.timreichel.de/busy-is-the-new-stupid-video.

33   Ferriss: *Die 4-Stunden-Woche*, Ullstein Taschenbuch, 10. Auflage 2014, S. 126ff.

34   Oxenham: »Do You Get Your Best Work Done in Coffee Shops? Here's Why«, https://www.newscientist.com/article/2090717, 2016, abgerufen am 10.11.2019.

35   Reichel: *24/7-Zeitmanagement*, Studienscheiss-Verlag, 1. Auflage 2019, S. 130ff.

36   Tracy: *Thinking Big*, Gabal Verlag, 11. Auflage 2018, S. 78.

37   Tracy: *Thinking Big*, Gabal Verlag, 11. Auflage 2018, S. 53f.

38   Tracy: *Thinking Big*, Gabal Verlag, 11. Auflage 2018, S. 55ff.

39   Tracy: *Ziele*, Campus Verlag, 1. Auflage 2018, S. 159ff.

40   Holiday: *Dein Ego ist dein Feind*, FinanzBuch Verlag, 2. Auflage 2018, S.61ff.

ÜBER DEN AUTOR

Dr. Tim Reichel, Jahrgang 1988, ist Autor, Wissenschaftler und Unternehmer. Nach dem Abitur studierte er Wirtschaftsingenieurwesen an der RWTH Aachen und ist anschließend zur Promotion an der Uni geblieben. Dort betreut er seitdem industrienahe Forschungsprojekte und beschäftigt sich mit den Themen Nachhaltigkeit und Ressourceneffizienz. Seine Doktorprüfung (über nachhaltige Stahlerzeugung) an der Fakultät für Georessourcen und Materialtechnik schloss er im September 2018 ab.

Seit acht Jahren arbeitet Tim zudem als Fachstudienberater und Koordinator eines Prüfungsausschusses. Dabei coacht er Studenten, berät bei Schwierigkeiten im Studium, schreibt Prüfungsordnungen und begleitet Akkreditierungsverfahren. Dank seines Netzwerks und der langjährigen Praxiserfahrung kennt er den Bürokratiedschungel der deutschen Hochschullandschaft wie seine Westentasche.

Im Juni 2014 gründete Tim sein erstes Unternehmen: Studienscheiss. Mit dieser Plattform hilft er deutschlandweit tausenden Studenten und Bildungsinteressierten dabei, glücklich und erfolgreich zu studieren, um in der späteren Berufswelt zurechtzukommen. Über die Jahre wuchs und veränderte sich studienscheiss.de stetig. Im Jahr 2016 wurde aus dem Start-up ein unabhängiger, kleiner Verlag.

In seinem Blog veröffentlicht Tim regelmäßig Artikel zu den Themen Zeitmanagement, Motivation und Persönlichkeitsentwicklung. Dort gibt er auch Tipps, wie man den stressigen Alltag in den Griff bekommen, fokussiert arbeiten und sein Leben proaktiv gestalten kann. Mittlerweile erschienen mehr als 300 Artikel, die von über fünf Millionen Menschen gelesen wurden.

Im Jahr 2016 veröffentlichte Tim sein erstes Buch: den *Bachelor of Time*. Dieser moderne Ratgeber wurde seitdem über 25.000 Mal verkauft. Weitere Bücher (*DOEDL-Methode*, *Arschtritt-Buch* uvm.) folgten. Im Frühjahr 2019 erschien mit *24/7-Zeitmanagement* sein bisher erfolgreichstes Werk. Das „Zeitmanagement-Buch für alle, die keine Zeit haben, ein Zeitmanagement-Buch zu lesen" wurde zum Standardwerk in einschlägigen Sachbuchkategorien und erfreut sich großer Beliebtheit.

In seiner Freizeit interessiert sich Tim für Whiskey aus Schottland, mag Sport (vor allem auf der Playstation) und regt sich leidenschaftlich gerne über seinen Lieblingsfußballverein auf. Wenn es seine Planung zulässt, verreist er gerne (Nordeuropa), besucht Kultur-Events und holt Schlaf nach. Aktuell lernt er kochen – mit überschaubarem Erfolg. Tim ist ledig und lebt mit seinen 42 Katzen in Aachen.

Das ist Tim

DANKESCHÖN

Mein größter Dank gilt allen Leserinnen und Lesern des Studien-scheiss-Blogs. Ohne euch und eure riesige Unterstützung gäbe es dieses Buch nicht. Vielen Dank für die unzähligen Klicks, Likes und Kommentare. Danke, dass ihr mich motiviert, kritisiert und immer wieder hinter mir steht. Ihr seid die beste Community, die es im deutschsprachigen Raum gibt und ich liebe es, für euch zu schreiben. Danke, dass ihr da seid!

Allein hätte ich dieses Buch niemals schreiben können. Na gut, vielleicht schon – aber dann wäre es auf keinen Fall so gut geworden. Deswegen danke ich von ganzem Herzen den Menschen, die mir dabei geholfen haben.

Mein besonderer Dank gilt den Mitarbeiterinnen und Mitarbeitern des FinanzBuch Verlags. Dies ist mein erstes Buch (neben meiner Doktorarbeit), welches ich nicht selbst verlege – und ich hätte mir keinen besseren Partner wünschen können. Ich danke euch für die professionelle Zusammenarbeit und die schöne Arbeitsatmosphäre. Besonders in puncto Lektorat, Redaktion und Layoutgestaltung habt ihr großartige Arbeit geleistet. Die meisten von euch habe ich zwar (noch) nicht persönlich getroffen, doch ich hatte zu jedem Zeitpunkt das Gefühl, von einem bis in die Haarspitzen motivierten Team unterstützt zu werden.

Zwei Personen möchte ich in diesem Zusammenhang hervorheben: Isabella Steidl und Georg Hodolitsch. Isabella Steidl danke ich für das überragende Projektmanagement und die wertvollen Verbesserungshinweise, die dieses Buch abgerundet haben. Georg Hodolitsch danke ich für die vertrauensvolle Zusammenarbeit von der Idee über den Entstehungsprozess bis hin zur Finalisierung dieses Werkes. Vielen Dank für den inspirierenden Austausch und die vielen Freiheiten, die mir bei sämtlichen Gestaltungsoptionen eingeräumt wurden.

Darüber hinaus danke ich meinem Studienscheiss-Team für die großartige Unterstützung und die grandiose Arbeit. Bei Sara Dörwald und Charlotte Schüler bedanke ich mich ganz besonders für die umfangreichen Recherchearbeiten, das unzählige Gegenlesen und die kritischen Korrekturen. Auch im finalen Korrekturdurchgang und bei der Prüfung des Satzes konnte ich auf euch zählen – danke!

Bei Sajoscha Blinn bedanke ich mich nicht nur für das hübsche Foto auf der vorherigen Doppelseite, sondern auch ganz besonders für die klugen Anmerkungen und motivierenden Gespräche während der gesamten Entstehungsphase dieses Buches. Vielen Dank, dass du mich seit dem ersten Tag unterstützt und bei jedem meiner Bücher dabei warst. Tausend Dank!

Vielen Dank, dass ihr mich ertragen und in jeder schwierigen Situation unterstützt habt. Auch dann, wenn ich nervig und zickig war. Oder mich einfach nur blöd angestellt habe. Eure Verlässlichkeit, eure Geduld und euer Einsatz sind unglaublich wertvoll und alles andere als selbstverständlich. Ich weiß das wirklich zu schätzen – und danke euch allen von Herzen.

Tim Reichel, Februar 2020

REGISTER

Wie ein kleiner Schritt
Ihr Leben verändert

Robert Maurer

Das eigene Leben ins Positive verwandeln – diese Idee treibt
viele um. Sie scheitert jedoch oft schon zu Beginn am aller-
ersten Schritt. Zu groß sind die inneren Blockaden.

Dieses Buch zeigt, wie Sie die Idee dennoch verwirklichen können: Mithilfe von Kaizen – und kleinen Schritten. Denn diese
umgehen die eingebauten Resistenzen Ihres Gehirns gegen
neue Verhaltensweisen. Getreu dieser wissenschaftlichen
Erkenntnis gibt es eine Möglichkeit, das eigene Leben ohne
Angst oder Misserfolg zu verändern und einen neuen Weg der
einfachen, kontinuierlichen Verbesserung einzuschlagen.

Dieser kleine, aber ungeheuer wirkungsvolle Leitfaden zeigt,
dass selbst größte Veränderungen durch kleine Schritte bewerk-
stelligt werden können.

272 Seiten | Softcover | 11,99 € (D) | 12,40 € (A) | ISBN 978-3-95972-273-5

Das 5-Tage-Wochenende

Nik Halik

Viele Menschen wollen mehr vom Leben und wissen, dass es einen besseren Weg gibt, das ihre zu leben. Und doch stecken viele in ihrem Nine-to-Five-Arbeitsalltag fest, fristen ihr Dasein nach den Regeln anderer und fragen sich eines Tages, wo ihr Leben geblieben ist.

Das 5-Tage-Wochenende bietet einen Ausweg aus der Sackgasse. Es zeigt, wie sich durch den Aufbau eigener Unternehmen und clevere Investmentstrategien regelmäßige, passive Einkommensströme generieren lassen, sodass finanzielle und persönliche Unabhängigkeit erreicht und die Konzentration auf die großen Lebensziele möglich wird. Ziel ist es, mit einem unabhängigen Einkommen nicht mehr im Hamsterrad gefangen zu sein, sondern sich daraus zu befreien. Das Buch enthält zahlreiche Fallbeispiele und Übungen, die dem Leser die Zielfindung und Etablierung neuer Strategien erleichtern. So fühlt sich jeder Tag wie Wochenende an!

368 Seiten | Softcover | 16,99 € (D) | 17,50 € (A) | ISBN 978-3-95972-250-6

Hol dir hier dein Bonusmaterial ab:
www.timreichel.de/busy-geschenk

Lebensbalance

Global Picture

Zielstruktur